古罗马大事年表

这个大事年表显示的只是古罗马在一千多年的历史中发生的一些大事。

君士坦丁一世

公元80年

罗马圆形竞技场建成

罗马圆形竞技场竣工了。

公元98—117年

图拉真成为罗马皇帝

图拉真统治了罗马，在他的征战下，罗马帝国的面积达到了最大。

公元117—138年

哈德良成为罗马皇帝

在哈德良统治期间，罗马建立起了防御工事来保卫罗马城。

公元284年

帝国分裂

罗马帝国被分为东西两部分。

公元324年

君士坦丁成为罗马皇帝

君士坦丁一世是第一位信奉基督教的罗马君主，在他的统治之下罗马帝国再次统一。

公元476年

最后一任罗马皇帝

罗慕路斯·奥古斯都是西罗马帝国最后一任皇帝，他的统治被日耳曼人推翻。

在罗马城，人们为了纪念图拉真，建造了图拉真柱，上面刻有他指挥作战的场景，装饰十分精美。

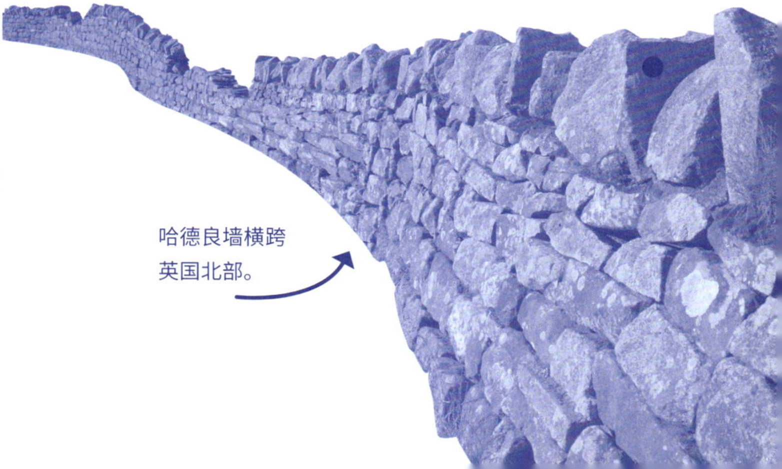

哈德良墙横跨英国北部。

我想了解的东西：

DK 小科学馆

古罗马

英国 DK 公司　编著　叶红婷　张婷　译

中信出版集团 | 北京

DK Penguin Random House

Original Title: DK Findout! Ancient Rome

图书在版编目（CIP）数据

DK 小科学馆 . 古罗马 / 英国 DK 公司编著 ; 叶红婷，张婷译 . -- 北京 : 中信出版社 , 2020.12（2022.8 重印）
书名原文 : DK Findout! Ancient Rome
ISBN 978-7-5217-0829-5

Ⅰ . ① D… Ⅱ . ①英… ②叶… ③张… Ⅲ . ①科学知识—儿童读物 ②古罗马—历史—儿童读物 Ⅳ . ① Z228.1 ② K126-49

中国版本图书馆 CIP 数据核字（2019）第 149391 号

DK小科学馆 · 古罗马

编　　著：英国DK公司
译　　者：叶红婷　张婷
出版发行：中信出版集团股份有限公司
（北京市朝阳区惠新东街甲4号富盛大厦2座　邮编　100029）
承 印 者：当纳利（广东）印务有限公司

开　　本：787mm × 1092mm　1/16　　印　　张：4　　字　　数：100千字
版　　次：2020年12月第1版　　印　　次：2022年8月第4次印刷
京权图字：01-2018-7707
书　　号：ISBN 978-7-5217-0829-5
定　　价：36.00元

本书作者和顾问为彼得 · 克里斯普。

出品　中信儿童书店
策划　红披风
策划编辑　刘莲
责任编辑　郝兰
营销编辑　马英　谢沐　严婧　刘天怡
装帧设计　颂煜文化
封面设计　哈_哈　李一

For the curious
www.dk.com

混合产品
源自负责任的森林资源的纸张
FSC® C018179

目录

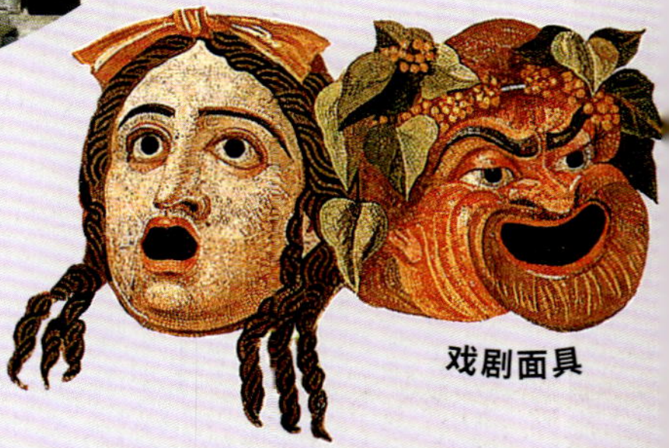

罗马硬币

自由女性

罗马士兵

尤利乌斯·恺撒

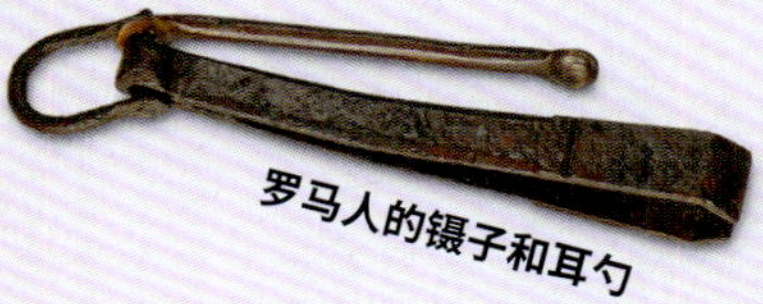
罗马人的镊子和耳勺

谁是罗马人？

让我们在大约 2000 年的时间长河中追溯罗马帝国吧。公元 117 年，在图拉真的统治下，罗马帝国的面积达到了最大。让我们来想象采访一下这两位罗马人——罗马戏剧家泰伦斯和他的妻子，问他们一些问题，了解他们当时的那个世界吧。

问：为什么说罗马是帝国？罗马帝国又在什么地方？

答：帝国是一个疆域辽阔的国家，由一个人统治。罗马帝国涵盖了欧洲大部分地区及以外的区域。

问：罗马帝国的都城是哪里？

答：是罗马城！罗马城建立在意大利的台伯河河畔。对当时的我们来说，那就是世界的中心。

问：你们一直都有皇帝吗？

答：也不是。在公元前 509 年—公元前 27 年，罗马是一个共和国，由人民投票产生的政府统治。在那之前一直由国王统治。

问：你们是怎样拥有这么一个大帝国的?

答：我们用武力征服得到的。我们善战并赢得了战争！

哇哦！

在罗马帝国的鼎盛时期，世界人口中超过 20% 都是罗马人。

问：你们为什么叫罗马人?

答：罗马的第一位国王叫罗慕路斯。据说，在为罗马选址的时候，罗慕路斯与他的同胞兄弟雷穆斯发生了争执，并将之杀死，之后便建立了罗马。于是他用自己的名字来命名罗马城。

问：你们罗马人改变了你们占领的土地吗?

答：不管我们统治什么地方，那里的人们现在都和我们穿一样的衣服，用一样的钱币，而且有的还会敬奉我们的神。但我们也常常会敬奉他们的神。

问：罗马帝国到底有多大?

答：现在（指泰伦斯生活的时期），它的国土从东到西绵延 4000 千米，从南到北绵延 3700 千米。大约有 6 亿人生活在罗马帝国。

罗马社会

在罗马帝国，生活着不同群体的人，这些人拥有不同的权利。罗马公民拥有的权利比没有公民身份的人拥有的权利多，而奴隶根本没有任何权利可言。然而，奴隶也可以赢得自由，进入另一个更高的社会阶层。罗马人的穿着打扮可以帮助我们了解他们属于哪一个社会阶层或者群体。

哇哦！

佩蒂纳克斯皇帝（126—193）的父亲曾经是一个奴隶，后来获得了自由。

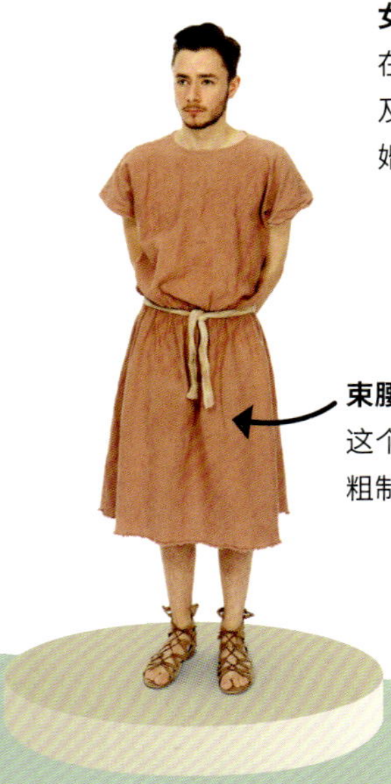

束腰外衣
这个奴隶穿着一件粗制的束腰外衣。

女式及踝长外衣
在罗马，这种长度及脚踝的外衣是已婚女性穿的。

帕拉
帕拉是女性穿在长外衣外面的一件披巾。

白色宽外袍
宽外袍（托加）是一种羊毛织成的长袍，呈褶皱状，围在身上。

奴隶

在罗马，奴隶就像是财物一样，为其他人所有。奴隶可以是在战争中被俘的囚犯，也有可能因为父母是奴隶，所以生来就是奴隶。随着罗马帝国的版图不断变大，奴隶的数量也变得越来越多了。

自由人

奴隶可以通过为主人效忠来获得自由。获得自由的奴隶就叫作自由人，其中又分为自由男性与自由女性。他们和以前的主人保持着紧密的联系，因为以前的主人可能会介绍营生给他们，比如店务管理工作等。

公民

罗马公民的权利包括参加选举的权利、任职政府官员的权利和穿毛织宽外袍的权利。

头上戴的树叶冠

皇帝有时候不戴皇冠，而戴一个用桂树叶子编成的环，这种头环也可以是黄金做成的。

紫色宽外袍

当皇帝在公众场合出现的时候，通常会穿一件紫色金边的宽外袍。

皇帝

自从公元前27年开始，罗马就被集权君主统治，他既是大主教，又是法律制定者，还是军事统帅。他死后可能还会被当作神一样崇拜，奥古斯都皇帝就是这样的例子。

宽外袍的颜色

宽外袍有好几种类型。每一种都有特定的穿戴时间和场合，不同宽外袍也象征着不同的公民等级。

纯白宽外袍

这种外袍由羊毛织成，素净，是普通公民的日常着装。

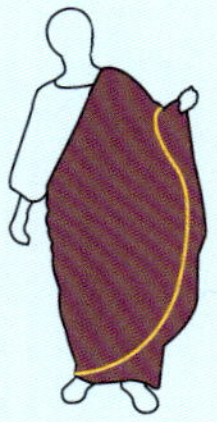

刺绣宽外袍

这种紫色金边的宽外袍只有皇帝才能穿。

漂白宽外袍

这种宽外袍是用滑石粉漂白过的，是男性参加选举的时候穿的。

深褐色宽外袍

深褐色宽外袍是男人们为死去的人哀悼的时候穿的。

紫边宽外袍

这种镶紫边的白色外袍款式简洁，是男性高级官员穿的。

不列颠

公元 43 年，克劳狄一世的军队入侵不列颠岛，但是他只征服了这个岛的一部分。

高卢

公元前 58—公元前 55 年，尤利乌斯 · 恺撒征服了高卢。在这次入侵之前高卢没有统一，而是被分散的凯尔特部落统治。

迦太基帝国

迦太基是地中海沿岸一个强大的城市。在公元前 264—公元前 146 年间，罗马和迦太基进行过三次战争，都是罗马获得胜利。

意大利

经过了长达百年的战争，罗马在公元前 264 年才将整个意大利征服。

罗马帝国

这张地图显示了罗马帝国的面积是如何不断扩大的——在公元前 146 年至公元 117 年间，罗马通过战争征服了包括地中海周围的所有陆地在内的大量领土。罗马人将地中海称为 mare nostrum，在罗马人的语言中意思是“我们的海”。公元前 27 年之前，罗马由选举产生的官员统治，但在这之后，罗马由皇帝统治。

帕提亚帝国

帕提亚统治着罗马东面的一个国家，尽管在 115 年至 117 年，图拉真征服了这个国家的一部分，但是后来帕提亚又将被占领的国土夺了回去。

希腊

公元前 146 年罗马征服了希腊。罗马人欣赏希腊人的生活方式，并学习了希腊的建筑、艺术还有科学。

略语记号

紫色区域代表罗马帝国统治的地方，颜色较淡的区域被征服的时间晚于深色区域。

共和国　公元前 146 年，征服了希腊和迦太基后的疆域。

早期帝国　公元前 27 年，第一任皇帝奥古斯都执政时的疆域。

帝国　公元 117 年，图拉真统治时期，帝国版图达到最大。

希腊士兵

来自希腊的士兵用一种叫作萨里斯的长矛作战。

帕提亚士兵

帕提亚士兵以重装甲骑兵的形式作战。

罗马帝国在世界地图上的位置

采访尤利乌斯·恺撒

罗马统治者

尤利乌斯·恺撒不仅是优秀的士兵，而且是杰出的将军。在皇帝掌权以前，罗马由一群贵族成员组成的元老院统治。公元前 44 年，恺撒击败了元老院，并自封为“独裁者”。在这里，让我们想象一下对恺撒的采访会如何进行。

小档案

- **姓名**：尤利乌斯·恺撒
- **时间**：公元前 100 年—前 44 年
- **地点**：罗马
- **爱好**：戴上花冠遮住自己的秃头

恺撒的头像

尤利乌斯·恺撒是第一个在世时就将自己的头像印在硬币上的罗马人。

问：恺撒，您最骄傲的征服是哪一次？

答：要选出一个来很难。就像我常说的一样“veni vidi vici”。

问：是“我来，我见，我征服”吗？

答：正是。你真的应该读一读我写的那本书，是关于我在高卢如何获胜的。我还领导了两次远征，穿过海洋到达了不列颠。

问：不列颠人会把自己涂成蓝色是真的吗？

答：是真的，他们在上战场的时候会这样做。但是我们罗马人会让他们知道，什么才是正确的生活之道。我们保证，将来有一天让他们也用上浴场。（编者注：浴场是古罗马生活的标志设施之一，这里意指征服不列颠。）

问：您为什么要和元老院作战呢，恺撒？

答：因为成功征服了高卢之后，他们要我放弃自己的军队，回到罗马做一名普通公民，我不能那样做，不是吗？

问：那您又是如何击败元老院的呢？

答：我是罗马有史以来最杰出的将领，我的士兵也很忠诚，而且在经过与高卢的战争之后，我的士兵变得更加坚韧，战无不胜。而元老院的领导庞培将军根本不是我的对手。

问：人们说您开始表现得像一个王者。

答：我不是王，只是这个国家需要一个强有力的领导者使其团结起来。

问：您为什么要将自己的头像印在钱币上呢？

答：为了让人民知道是谁在统治国家。我为罗马做了这么多，难道就不值得拥有这样的殊荣吗？

恺撒雕像
这是一尊青铜雕像，恺撒身穿军装。

我来，
我见，
我征服！

问：您最大的成就是什么？

答： 我创造了一种新的历法，所以现在一年有365天，以前一年只有355天，每隔几年就要多加一个月。还有一个月份是以我的名字重新命名的，那就是“July”（七月），来自我的名字“Julius”（尤利乌斯）。

问：难道您不担心树敌吗？

答： 我擅长招降敌人。布鲁图在内战中反对我，而我原谅了他，现在他就像我的儿子一样。

问：那您对未来有什么打算呢？

答： 三天以后，我要出发去东方征服帕提亚人。今天在庞培剧院我和元老院成员们有一个会议。我现在要去那里见我亲爱的布鲁图了。

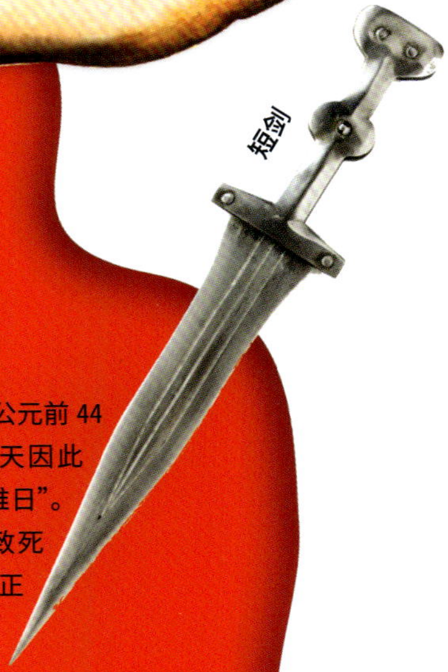

短剑

遇刺

恺撒未能去与帕提亚人战斗。公元前44年3月15日恺撒遇刺，这一天因此被称为“尤利乌斯 · 恺撒殉难日”。他是被一群元老院成员刺杀致死的，而带领这些元老院成员的正是他昔日的好友布鲁图。

罗马皇帝

罗马的皇帝拥有很大的权力。有些皇帝很明智地使用权力，而另一些就不是那么称职了。这里有四位皇帝，让我们一起来看看他们是明君还是暴君呢？

奥古斯都

小档案

- **出生：** 公元前 63 年
- **在位时期：** 公元前 27 年—公元前 14 年
- **逸闻趣事：** 他继承尤利乌斯·恺撒的职位时才 18 岁。

打败对手以后，公元前 27 年奥古斯都任命自己为罗马帝国第一任皇帝。他掌握所有权力，但他活得却不像一个皇帝，他说自己只是“第一公民”。

功绩：

- 经过几年内战以后，奥古斯都皇帝为国家带来了和平稳定的统治。
- 他生活俭朴，不像一个优渥富有的掌权者。
- 他拓展了国土面积。
- 修建了很多公共建筑和道路。
- 资助艺术和文学等。

过失：

- 他杀死对手，大权在握。

判定结果：明君

尼禄

小档案

- **出生：** 公元 37 年
- **在位时期：** 公元 54 年—公元 68 年
- **逸闻趣事：** 在公元 67 年的奥林匹克运动会上他和一辆战车赛跑。

一开始尼禄将帝国统治得很好，他鼓励发展艺术和文化，并振兴贸易。但后来他被权力冲昏了头脑。他会杀掉任何质疑他的人，甚至包括他的母亲。

功绩：

- 举办了很多精彩的公共演出，来为民众提供娱乐。
- 建立剧院、开设体育项目以及战车赛跑项目。

过失：

- 他会处死任何与自己意见有分歧的人。
- 谋杀了自己的母亲、妻子还有异父的兄弟。
- 传言说他是公元 64 年罗马大火的纵火者。
- 他还将大火归咎于基督教徒。
- 大火之后他拥有了罗马大片土地，只是为了给自己建造巨大的宫殿（即所谓的“金屋”）。

判定结果：暴君

小档案

» **出生：** 公元 53 年

» **在位时期：**
公元 98 年－
公元 117 年

» **逸闻趣事：**
生于西班牙，他是第一个非罗马人皇帝。

图拉真

图拉真是一位伟大的将领，他很成功，而且受人拥戴，因此被涅尔瓦皇帝认为义子。图拉真通过多次征战将罗马帝国的面积扩张到了最大。

功绩：

- 扩张了国土面积。
- 用战争获得的钱在罗马建了一个新广场。
- 提供基金，帮助教育罗马的孤儿和穷苦人家的孩子。
- 减轻赋税。

过失：

- 他的扩张使得罗马帝国面积过大，很难管理。
- 他还迫使上千战俘公开表演角斗。

判定结果：
明君

小档案

» **出生：** 公元 76 年

» **在位时期：**
公元 117 年－
公元 138 年

» **逸闻趣事：** 他下令修建了哈德良墙，这是罗马最大的建筑工程。

哈德良

在图拉真之后，哈德良为了巩固边防，放弃了罗马帝国早期征服的一些土地。他也许称得上是罗马帝国最勤政的皇帝了。

功绩：

- 哈德良是一个优秀的领导者，他让罗马帝国变得更加安稳。
- 为了阻止北方部落入侵不列颠，他修建了强大的防御工事，比如哈德良长城。
- 他常在帝国各处视察。
- 哈德良是一个很有文化的人，他会写诗，还能设计建筑。
- 他还下令兴建了很多公共建筑，并且修缮了一些旧建筑，比如万神殿。

过失：

- 他经常到处视察，这就代表着他常常离开罗马城，这让他在罗马城不是很受拥戴。
- 他处死了几个密谋造反的元老会成员，但却不承认这件事情。

判定结果：
明君

罗马军队

罗马军队由大约 28 个军团组成，每个军团有大概 5000 名士兵，他们都是徒步作战。罗马军队每征服一个地方后，就会驱使战俘使用辅助兵器。战俘们还给罗马兵团带来了原本不具备的新作战兵种，包括骑兵、弓箭手、投石手等。

投石手

投石手能以极高的命中率用石头向敌人射击，并且招招致命。他们来自西班牙东南部的岛屿，在那里，男孩子很小的时候就被训练使用投石器。

投石手腰上挂的皮包用来装石头。

作战方式

为了尽可能好地保护自己，并且更加有效地抗击敌人，军团士兵们在作战的时候会以不同的方式分成不同的组。

龟甲形大盾
这些士兵排列成一个龟甲形盾牌方阵，手举盾牌高过头顶，这些盾牌就像坚硬的乌龟壳一样，可以保护士兵的头颅。

露在外面的小腿
军团士兵的小腿裸露在外，没有东西防护。

军旗

在战争中，这个旗帜状的横幅是用来召集人群的，可以把人都集合在一起。这个横幅的意思是“小型帆”。

旗手

旗手的任务是最危险的，因为他没有盾牌来保护自己。

曲面盾牌

这种巨大的曲面盾牌可以覆盖住士兵的身体。

军队组织

军团被分为更小的单位，比如步兵大队、百人队等。这样一来，管理军队就容易些了。每个步兵大队和百人队都有自己的领导。

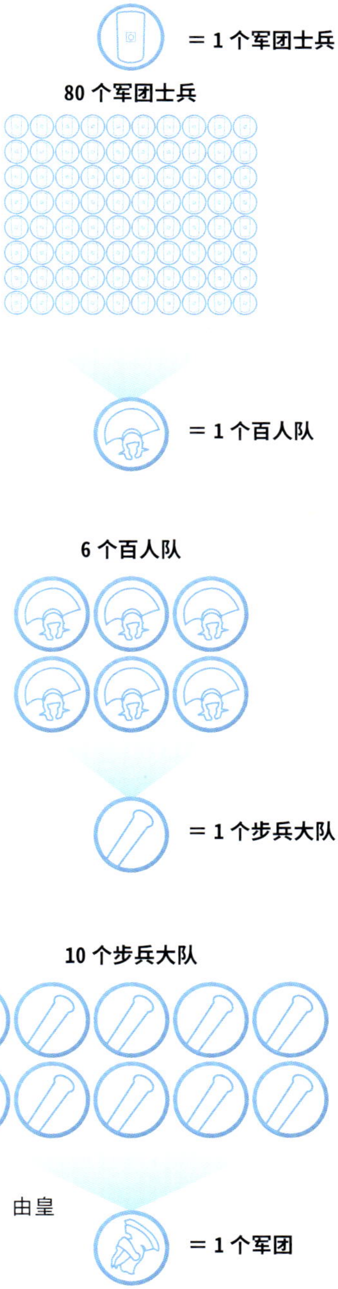

百人队

80 个人组成一个百人队，由一个百夫长领导。

步兵大队

6 个百人队组成一个步兵大队，总共有士兵 480 人，由一个资深百夫长领导。

军团

每个军团里除了 10 个步兵大队以外还有大约 120 位骑兵，这些骑兵的工作是传递信息或者侦察。军团的首领被称为军团长，由皇帝任命。

罗马士兵

徒步作战的士兵被称为步兵。他们接受过良好的训练，有精良的武器装备，时刻准备着上战场。士兵们的训练强度非常大，内容包括跑步、游泳，这让他们拥有了强健的体魄来作战，也因此让罗马士兵成为古代世界最令人生畏的士兵之一。

步兵

所有的步兵都穿着统一的服装，配有同样的武器，这样他们就能够进行团体作战了。步兵受百夫长的领导。

盔甲
士兵的护身盔甲是由重叠的金属条制成的，这种盔甲让士兵的身体能够自由活动，柔韧性极强。

头盔
虽然士兵的大部分头部都被头盔覆盖着，但他们仍然可以保持良好的视野和听觉，头盔两边还带有保护脸颊的金属片。

剑
士兵使用的短剑插在剑鞘里，或者保存在其他遮盖物中，佩戴于右臀部位。作战中主要采用刺的方式作为攻击手段。

盾
这是一个很长的曲面木制盾牌，中间有一个铜制的圆盘，能够保护士兵身体的大部分。

凉鞋
皮革凉鞋的鞋底排列着大头钉子，能防止鞋子在长途征战中被磨破。

百夫长

百夫长就是领导 80 个军团士兵的军官。他的头盔让他在人群中变得非常显眼，并且通常他手里会拿着一根手杖。

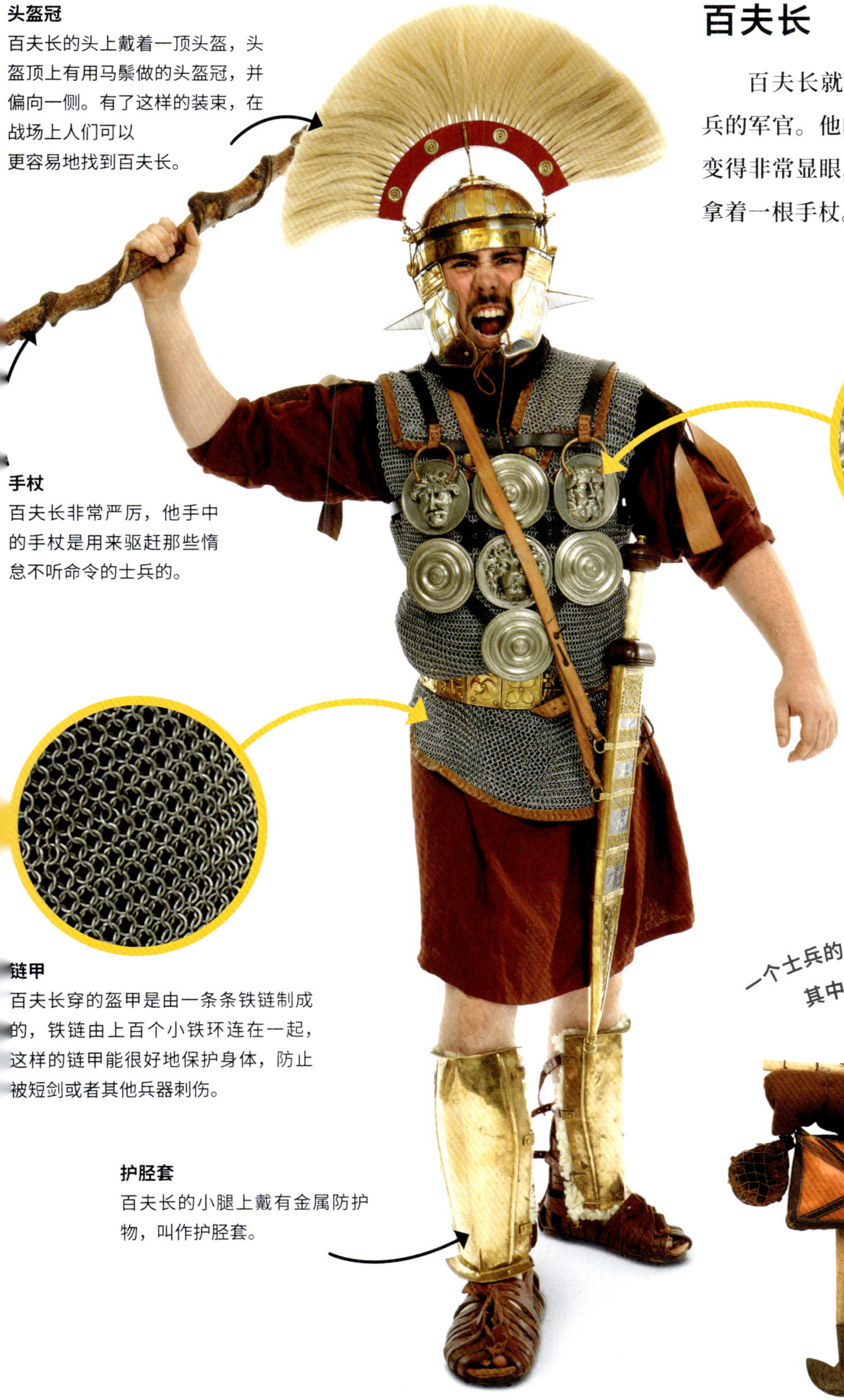

头盔冠

百夫长的头上戴着一顶头盔，头盔顶上有用马鬃做的头盔冠，并偏向一侧。有了这样的装束，在战场上人们可以更容易地找到百夫长。

手杖

百夫长非常严厉，他手中的手杖是用来驱赶那些懒怠不听命令的士兵的。

勋章

这 7 个金属圆盘叫作勋章，是百夫长凭借在战场上英勇的表现赢得的。

链甲

百夫长穿的盔甲是由一条条铁链制成的，铁链由上百个小铁环连在一起，这样的链甲能很好地保护身体，防止被短剑或者其他兵器刺伤。

护胫套

百夫长的小腿上戴有金属防护物，叫作护胫套。

一个士兵的行李重量可达 40 千克，其中包括食物和工具。

罗马的工种

尽管罗马人生活在距今2000年以前，但他们的很多职业到今天依然存在。设想一下，如果你生活在罗马时代，你会从事什么工作呢？

面包师

罗马人吃的面包通常是从面包房里买来的。大块的烤面包是用圆炉子烤出来的。罗马的面包师同时也是磨坊主，他们用驴或者马拉动石磨，将谷物磨成粉。

演员

罗马人热爱剧院，尤其是在剧院还免费的时候。演员们在一个半圆形的舞台上表演。有些演员是大明星，拥有忠诚的“粉丝”，就如同我们今天一样。

然而，和现代的演员不同的是，罗马演员们都戴着面具。不同的面具可以展现人物的不同情感，比如幸福、伤心、害怕、惊讶等。

叙利亚布斯拉的罗马剧院遗址

工程师

西班牙塞戈维亚的高架渠

罗马的工程师技艺都十分精湛，他们会设计建筑物，比如图中这座高架渠。高架渠是用来向城市和乡镇输送水的，它们必须以正确的角度修建，以确保水能够顺畅地流动。

律师

为了让人们明白他们的观点，罗马的律师必须做长篇演说。律师的工作是为受审的罪犯进行辩护或者对他们进行控诉，比如盗窃犯和杀人犯。罗马律师的很多演讲内容我们今天依然可以看到。

教师

罗马的教师开设课程，只有男孩子才可以上学。授课地点通常是教师的家里。教师用一块涂了蜡的写字板和一端削尖的棍子来教学生写字，这种有尖头的棍子被叫作尖笔。

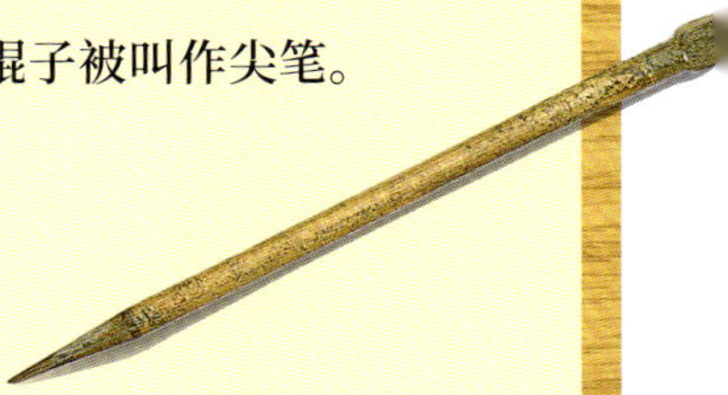

医生

罗马医生使用的一些工具我们今天依然在使用，比如用来解剖的尖解剖刀，用来清理碎片的钳子。

罗马人相信，神明会帮助病人康复，所以罗马医生在治病的时候，除了实践技能之外，往往还会配合宗教仪式。

农民

在罗马时代，大多数人生活在农村，从事农耕业。很多辛苦的工作，比如饲养家禽、种植庄稼等，都是由奴隶做的。

店员

商店里面什么东西都卖，甚至连外带食品都有！在 107—110 年期间，图拉真皇帝建了一个购物中心，里面有 150 多家商店。

将物品和它对应的描述搭配起来

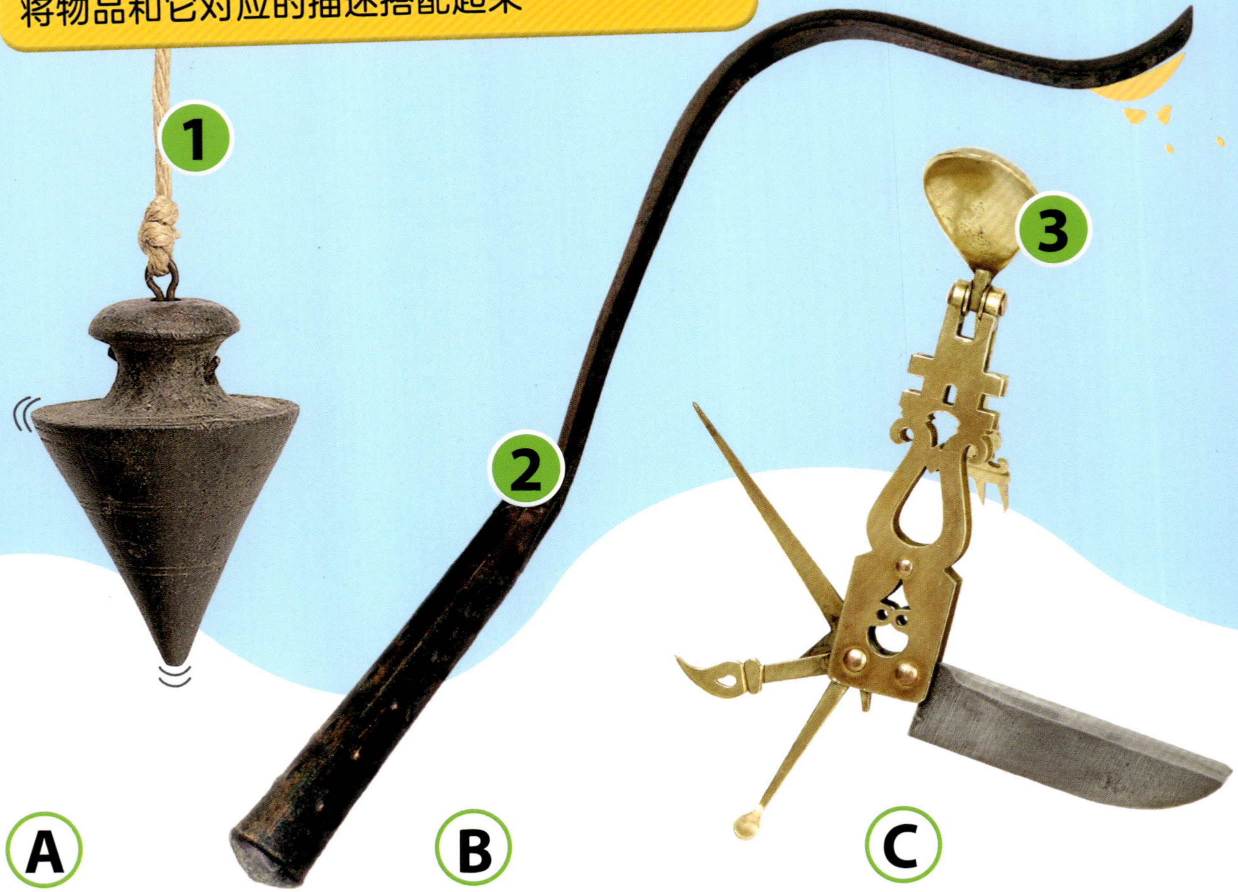

A 煎锅

罗马士兵的煎锅带有折叠式手柄，也就是说，这个锅能被打包在行李里面，方便携带，也容易储存以备后续使用。

B 剃刀

罗马的理发师用剃刀给顾客刮胡子。这种剃刀必须定期在磨刀皮带上面打磨。

C 海绵棒

罗马时代卫生纸还没有发明出来，罗马人将大量海绵缠在一根长棍子上充当卫生纸。

日常用品

尽管罗马时代的生活方式跟我们现在很不一样，但是有些东西还是很相似的。这里有一些罗马时代的人使用的物品。有些你会觉得陌生，但有些你也许能认出来。看看你能不能将这些物品和它们对应的描述搭配起来。

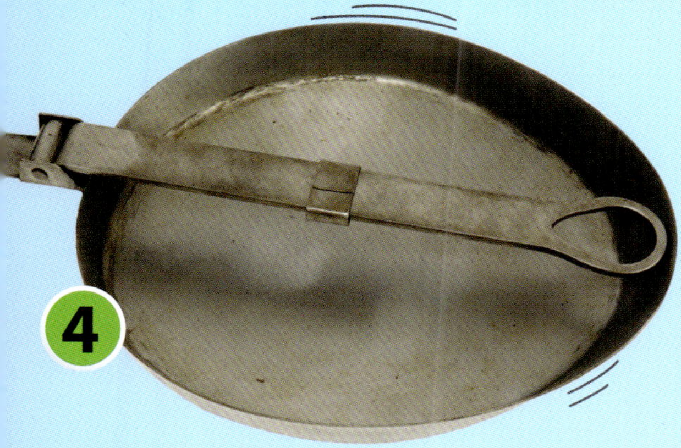

D

铅垂线

为了确定墙或者门廊是不是垂直于地面的，罗马建筑师会使用铅垂线。铅垂线是把一个吊锤悬挂在一根长绳子上做成的。

E

折叠工具

这个折叠设备像一把小刀，包含勺子、刀子和其他工具。或许它是属于一个旅行者的。

F

刮身器

罗马人不使用肥皂，而是用橄榄油擦拭身体，然后再用一种曲面金属工具把身体刮干净，这种金属工具叫作刮身器。

公厕

罗马的城镇有公共厕所。在这种公厕里，如厕者并排坐着，厕所由流动的水冲洗，水通过地下的管子输送。当作卫生纸用的海绵会被漂洗干净，留给其他如厕的人继续使用。

答案：1D 2F 3E 4A 5B 6C

我不确定要不要买下她，她看起来比较懒……

买奴隶

罗马人可以在市场上买奴隶，就像买其他任何想要的东西一样。购买者会仔细检查出售的奴隶有没有粗心、懒惰、脾气差、身体状况不好等迹象。

奴隶

奴隶就是被别人当作财产拥有的男人、女人和小孩。如果他们不服从自己的主人，就会遭到严酷的惩罚。大多数罗马人认为，拥有奴隶没有什么不对。很多奴隶主认为他们有义务善待他们的奴隶。

哇哦！

有些奴隶要佩戴标签，标签上记录着谁是他们的主人，以防止奴隶逃跑。

逃跑的奴隶会被按照他们所戴的标签上的地址送回去。

用餐时奴隶要
端菜倒酒。

一个受主人信任
的奴隶为主人送
信、跑腿。

奴隶们在干活

有钱的罗马人几乎什么事情都让奴隶替他们做。早上奴隶要帮他的主人更衣，晚上要伺候他们就寝。做饭、上菜、端茶倒水、饭后盥洗也由奴隶来做，他们还需要逗主人们开心。

女性奴隶为女
主人梳头。

角色转换

每年 12 月下旬有一个为奴隶举办的特殊节日，时间就在农神节期间。农神节是为了纪念罗马的农神萨图努斯而举办的，农神是罗马神话中的众神之王朱庇特的父亲。在节日这一天，奴隶和他们的主人交换身份，由主人来为他们服务。

**有些奴隶主会设宴
款待他们的奴隶。**

释放奴隶

对于很忠诚的奴隶以及干活很勤恳的奴隶，奴隶主会释放他们，给他们自由，以此作为奖励。很多奴隶都拥有很高的技能水平，一旦成为自由人，他们能做起生意，甚至能拥有自己的奴隶。

罗马的儿童

罗马儿童的生活很像我们现代儿童的。在家里他们有玩具玩，还可以做游戏、养宠物。也有些孩子去上学，但是很少有女孩子去上学。很多孩子，尤其是富人家的孩子都是在家里接受教育，要么由父母，要么由家庭教师来教他们。

家庭生活

罗马的家庭生活非常忙碌，因为家里通常有 5 个或者更多的孩子。母亲看管孩子玩耍，还要负责他们的早期教育，如果幸运的话，会有奴隶帮忙照看孩子。

布拉护身符

布拉是一种幸运护身符，常被罗马的男孩戴在脖子上。

灵提犬

狗就像鸟和山羊一样，都是很受人们欢迎的宠物。

玩具

罗马时代的孩子有很多玩具，有些你今天依然能够认出来，比如玩偶、玩具士兵、带轮子的动物模型、拨浪鼓、积木、球，甚至还有成套的象牙字母来练习拼写。

玩具马

用绳子穿过玩具马的鼻子，可以把它拉着走。

玩偶

女孩子们玩的是用木头或者骨头做成的玩偶。这个玩偶的胳膊和腿可以活动。

墨水瓶

芦苇笔

这种芦苇笔有切割出来的笔尖。

大一点儿的孩子用芦苇笔蘸着墨水瓶里的墨水，在木片或者莎草纸上面练习写字。莎草纸是用纸莎草做成的一种纸。

教育

7 岁的时候，男孩子就可以上学或者请私人教师来教学了。他们要学文学、数学和公共演讲。女孩子通常待在家里，学着如何打理家庭事务。而穷人家的孩子则要帮父母干活。

涂蜡写字板

这种写字板是木头做的，上面涂了一层蜡，孩子们可以在上面练习写字。

算盘

孩子们通过拨算盘上的珠子学算术。

弹珠

弹珠游戏在罗马时代就很流行了。

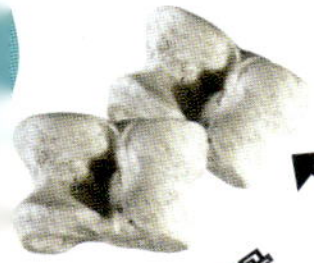

关节骨

动物的关节骨被用来玩捕捉游戏。

哇哦！

在罗马时期，猫并不是受孩子们喜爱的宠物，它们被看成不吉利的东西。

家庭教育

罗马的有钱人通常请家庭教师来家里教孩子。图中展示的是两个少年被他们的家庭教师看着读书，还有一个男孩看起来好像是上课迟到了。

德国的一幅雕刻作品展示了罗马课堂的场景。

罗马的服饰

罗马人不穿量身剪裁的衣服，比如夹克、裤子等。男人和女人穿的衣服都是一大片布，围在身上，腰里系一根腰带。短袍是基本服饰的一种，由两片长方形织物组成，中间留两个洞，胳膊可以伸出来。男士短袍的长度到膝盖处，女士的则更长一些。

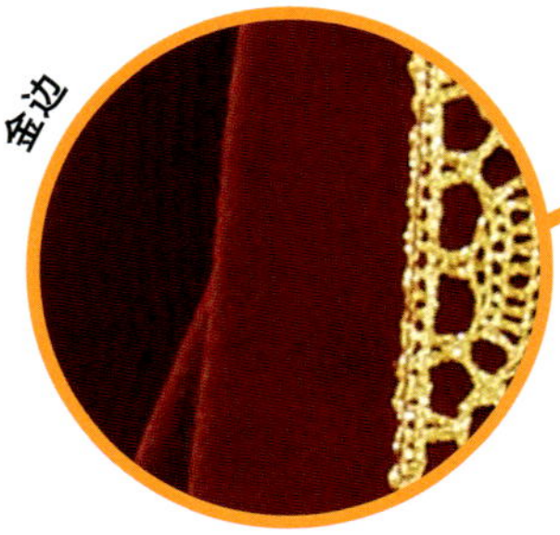

项链
罗马的女性喜欢各种各样的珠宝首饰，这些首饰通常是用黄金或者贵重的宝石做成的。

紫色和金色
紫色颜料很贵，只有富贵人家才能用得起。

帕拉
帕拉是一种披肩，有多种颜色。

女式及踝长外衣
这是一种穿在短袍外面的纺织长裙。

女性服装

女性常在短袍外面穿一件长度到脚踝的裙子，这是罗马女性常穿的外衣。在这件外衣上面还可以再围一件披肩。这种披肩叫帕拉(palla)，可以披在肩上，还可以戴在头上当头巾。

哇哦！

奥古斯都皇帝在觉得冷的时候一下子穿了四件束腰衣。

男性服装

罗马的男性公民有穿宽外袍的权利。宽外袍是一件围在身上的羊毛织物，它对罗马人来说极其重要，以至于罗马人称自己为“穿宽外袍的种族”。

短头发

就像我们今天一样，罗马的发型时尚不断随着时间的推移而变化。

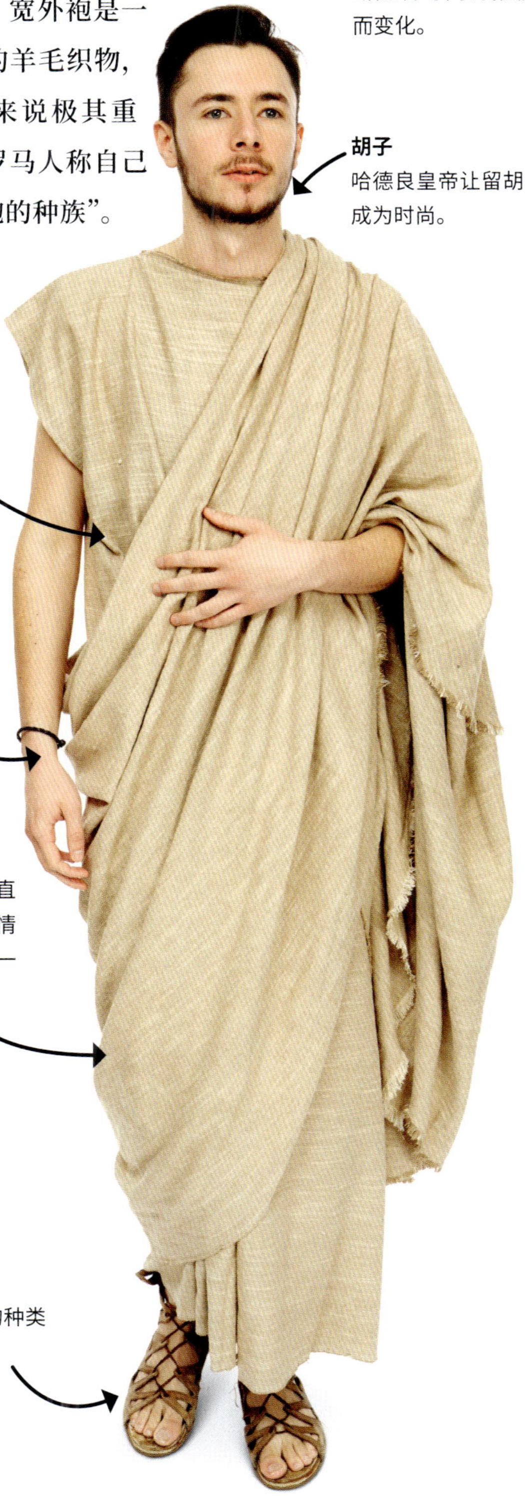

胡子

哈德良皇帝让留胡子成为时尚。

束腰外衣

束腰外衣穿在宽外袍里面。

自由摆动的右臂

宽外袍只遮盖着左臂，右臂露在外面，可以自由摆动。

宽外袍

宽外袍也不是一直都需要穿，通常情况下，人们只穿一件束腰外衣。

凉鞋

皮革凉鞋的种类有很多。

宽外袍的穿法

罗马人穿宽外袍的时候通常有奴隶帮忙更衣，因为宽外袍很长很重。

第一步

穿上束腰外衣以后拿起宽外袍。宽外袍有 18 英尺长，大约等于 5.5 米，是一件半圆形的羊毛织物。宽外袍有不同的颜色，可供人们在不同的场合穿。

第二步

将宽外袍的一端搭在左侧手臂和肩膀上，要确保宽外袍下垂至地面，然后将另一端绕背围一圈。

第三步

将宽外袍从右臂下穿过，再绕回到左肩膀，要小心避免它从肩膀上滑下来。

第四步

只要确保宽外袍稳固，就算穿好了，可以出门了。

罗马的浴场

罗马的每个城镇都有一个浴场，供当地人洗澡用。浴场不仅是一个洗澡的地方，也是一个锻炼、放松和会见朋友的场所。男人和女人要分开洗澡，大型浴场里有分隔开的男女专用区域，而小型的浴场则是让男女分不同的时间段去洗澡。

浴场使用指南

A **更衣室** 罗马人洗澡的时候会先在更衣室换衣服，并让奴隶看管贵重物品。

B **健身房** 来洗澡的人可以去健身房，这里是锻炼的地方。罗马人用铅锤、摔跤或者玩球类运动来热身。

C **冷水池** 健身后可以在冷水池里游泳。

D **温水浴间** 游泳后去温室，奴隶用芬芳的油为主人擦拭身体，然后再用刮身器刮去主人身上的泥垢和死皮。

E **高温浴室** 这里和现代的蒸汽浴室差不多。高温浴室是通过地下流动的热空气来加热的。

F **冷水浴间** 最后人们可以跳进这里的冷水池中让身体降温。

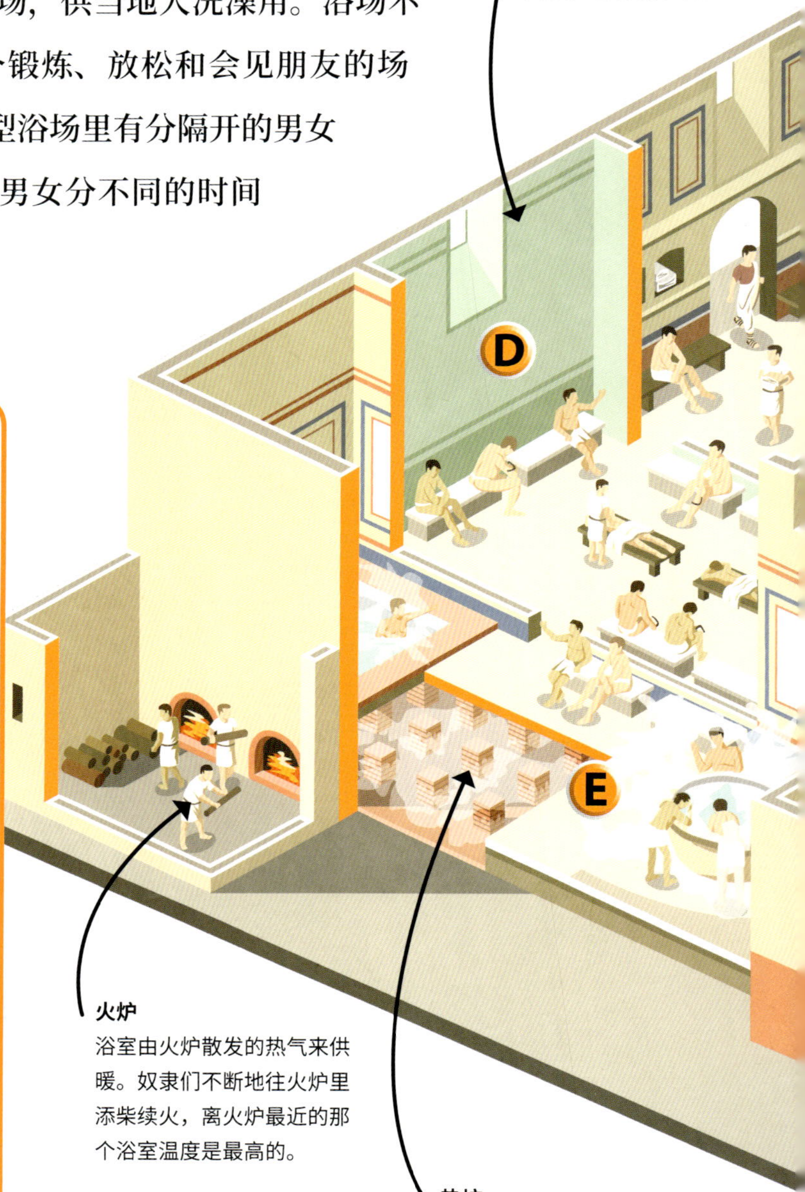

更衣室

更衣室的墙面上有空格子，人们更衣的时候可以把衣服放在里面。

冷水浴间

这个低温房间有冷水池，所以离火炉最远。

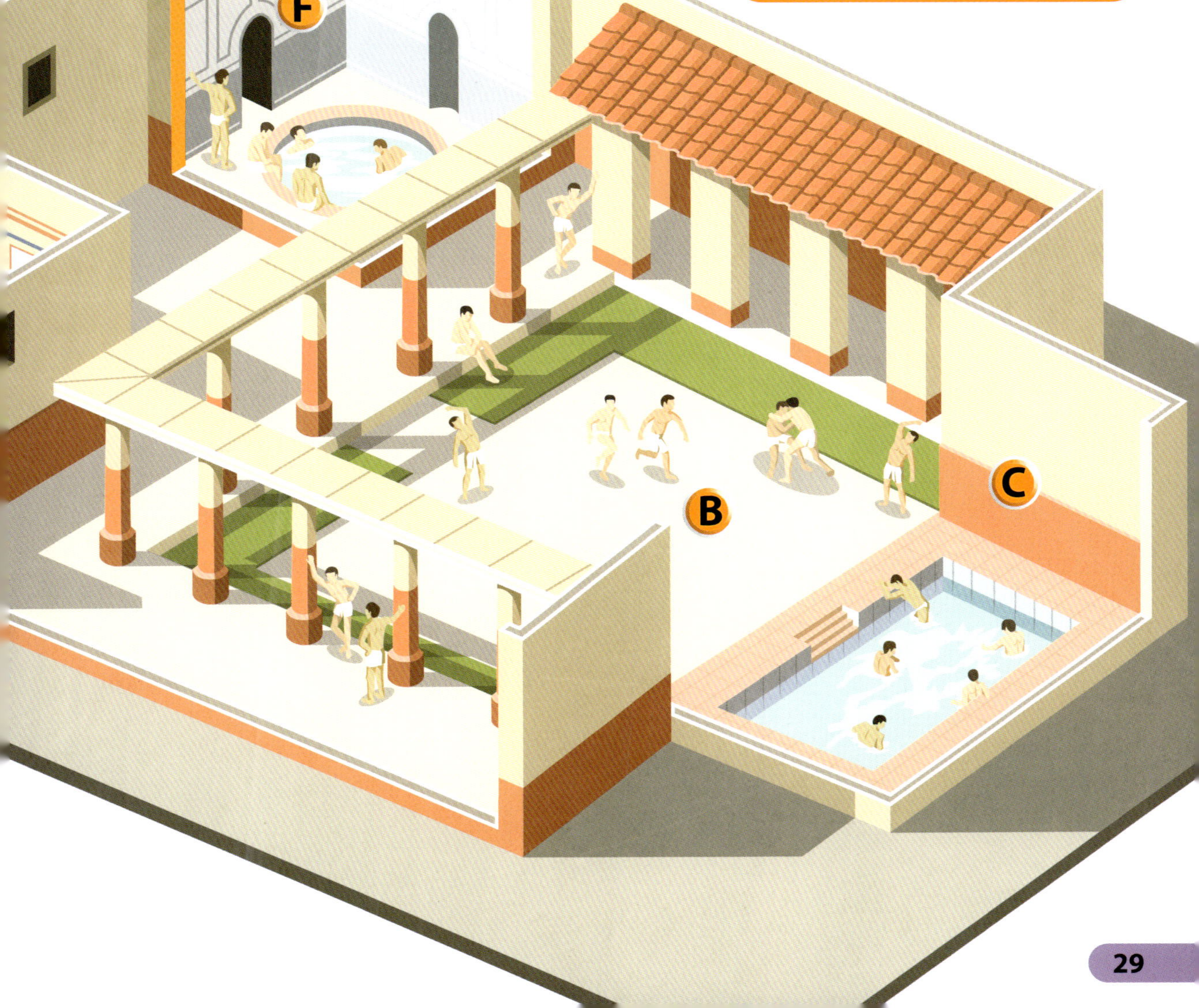

巴斯大浴场

罗马人利用温泉优势，在英格兰的巴斯建了一个浴场。这个浴场是献给女神苏丽丝·米涅瓦的。

英格兰巴斯大浴场

罗马人的饮食

罗马的有钱人喜欢举办宴会，宴会上山珍海味一道接着一道。我们现在还能看到罗马人的菜谱，上面记载着如何用火烈鸟舌头、鸵鸟的脑髓做菜和煮鹦鹉的做法。

蜗牛

蜗牛是一种很受欢迎的食物，罗马有专门的农场饲养蜗牛。在这些农场里，蜗牛的主食是牛奶。

蒜

罗马人喜欢吃蒜，不仅是因为蒜的味道，还因为罗马人认为蒜能让他们更有力气。罗马的士兵在上战场前都要吃蒜。

水果

罗马人喜欢用新鲜水果作为甜点。他们吃各种各样的水果，包括无花果和梨。

牡蛎

罗马的穷人和富人都吃得起牡蛎。人们在罗马的垃圾场遗址里发现了大量的牡蛎壳。

鱼

罗马人吃各种各样的鱼。他们还喜欢吃鱼露，鱼露是用鲭鱼或者其他鱼类的内脏腌制而成的。

面包

面包是穷人每天的主食。人们在庞贝城附近的赫库兰尼姆发现了大块的烤面包残留物。

睡鼠

睡鼠在被食用之前，会被密封保存在陶瓷罐子里。在睡鼠里塞满馅，再加以烘焙，就变成了一道很受欢迎的小吃。

橄榄

罗马人既吃整颗的橄榄，也把它榨成油食用。橄榄油既可以用于烹饪也可以用作点灯的燃油。

宴会

这幅罗马绘画展示的是一次宴会结束后的情景。宴会一般会持续几个小时，有音乐和舞蹈等娱乐活动。罗马人躺在长椅上边吃边喝，由奴隶端菜倒酒伺候。在这幅画中，食物已经被撤下去了，客人们正在品葡萄酒。

哇哦！

尽管罗马人会使用勺子喝汤，但他们依旧用手来抓饭菜。

画中都有什么呢？

1 壁画 这幅画被绘在庞贝城的一所房子里。

2 躺卧餐厅 罗马房屋的餐室通常有三张长椅供客人躺卧。这里我们只能看到两张。

3 餐桌 食物和饮料放在一张比较矮的桌子上，可以很容易地伸手拿到。

4 碗 在上菜的间隙，客人要在碗里洗手。

5 树叶冠 树叶编制的环戴在头上，就像派对帽一样。

6 白皙的皮肤 对罗马女人来说皮肤白既是时尚，也是社会地位高的象征。

7 葡萄酒 罗马人会在酒里面兑水，让酒更淡。

8 餐具 在罗马，玻璃杯子和玻璃碗是很昂贵的。

9 长椅 长椅上有填充了棉絮的垫子，躺起来更舒适。

10 宽松又轻薄的衣服 男人穿的这些衣服不像在公众场合穿的那种厚重的宽外袍。从他们裸露的肩膀可以看出，他们处于很放松的状态。

葫芦巴种子
在罗马医生给患者开的药方里，用葫芦巴种子治疗肺炎。

蒿属植物
对罗马人来说这是一种神圣的植物。人们认为这种植物有非常强的治愈功能。

亚麻种子
捣碎的亚麻种子可以用来疗伤，也可以缓解喉咙疼痛。

黑胡椒
含有黑胡椒的药物可用来医治多种疾病，比如感冒、耳朵疼、牙疼等。

甘菊
这种植物可用于治疗头痛，也可以医治肝肾问题。

挂钩式牵开器
在手术中，挂钩可用来移开碍事的血管。

舌状勺
这种舌状勺可以用于混合药物、涂药膏和清除耳屎。

医学

罗马的医生使用多种药物来治病，这些药物是用不同的植物制成的。罗马医生的外科技术也很精湛，这要归功于他们多年来为角斗士伤员以及受伤的战士们治病的时候积累起来的经验。除了实际治疗之外，病人还会向神祈祷，希望对他们的身体康复有帮助。

解剖刀

尖头解剖刀可以用来切除疮。

黄瓜

黄瓜具有冷却效果，所以被用于退热降温、消除皮肤的红肿发炎等症状。

小铲

金属小铲可用于混合药物或者上药。

药膏匙

金属匙用来盛药膏或者液体药品。

醋

罗马士兵会带一种醋做的饮料，叫作波斯卡（posca）。人们认为这种饮料能给人力气，有恢复体力的作用。醋也可以用于清洗伤口。

蜂蜜

罗马人深知蜂蜜具有防腐抗菌的功能。因此蜂蜜常被用于枪伤和刀伤的治疗。

茴香

茴香有 20 多种医学用途，可以治疗眼疾，还具有安神作用。

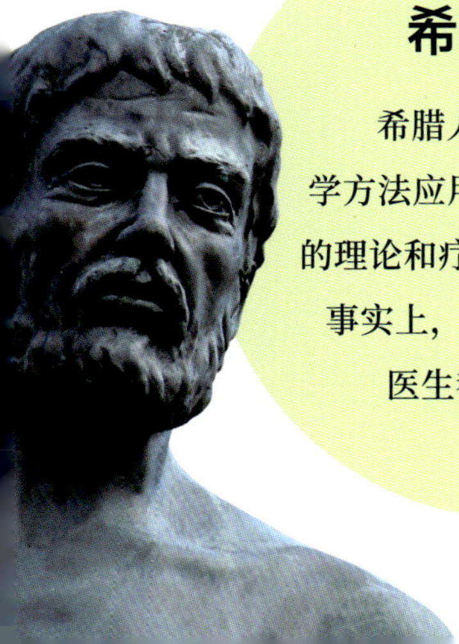

希腊医生

希腊人是欧洲最早将科学方法应用于医学的。他们的理论和疗法被罗马人采用。事实上，古罗马的大部分医生都是希腊人。

拉丁语

你想说拉丁语吗？拉丁语是罗马人的语言。我们给这个城镇街道贴上了拉丁语单词以及它们的读法。其实，或许你已经在使用拉丁语了，只是你自己不知道而已。很多欧洲语言仍在使用类似拉丁语的字母和单词，英语中也有上千个单词来自罗马。

Cave canem

马赛克是一种用正方形的小石子或玻璃片拼成的图案。这幅图上展示了一只狗和一句拉丁语“Cave canem”，你能猜出它是什么意思吗？它说的是“小心凶狗！”

庞贝城出土的马赛克

罗马数字

罗马人用字母表示数字，比如用 V 代表 5。我们把这样的字母叫作罗马数字。在罗马时代，整个罗马帝国范围内都使用罗马数字计数和给商品标价。

即使在罗马帝国消亡以后，罗马数字仍在整个欧洲继续使用了几百年。

多少个数字在使用

罗马人只用 7 个字母来表示他们所有的数字。每个字母有个固定值，比如 X 表示 10。如果要表示的数字没有相对应的字母，那么罗马人就用这 7 个字母，加上或者减去某一个值来实现。如果把一个数值较小的字母放在一个数值较大的字母右边，那么就表示这两个字母的值相加，所以 LX 代表 60（50+10）。如果把数值较小的字母放在数值较大字母的左边，则表示要减去这个数值较小的字母，所以 40 是用 XL（50–10）表示的。

哇哦！

罗马数字中没有表示 0 的字母。

小知识

» 七个字母

罗马数字用七个字母表示

I = 1

V = 5

X = 10

L = 50

C = 100

D = 500

M = 1000

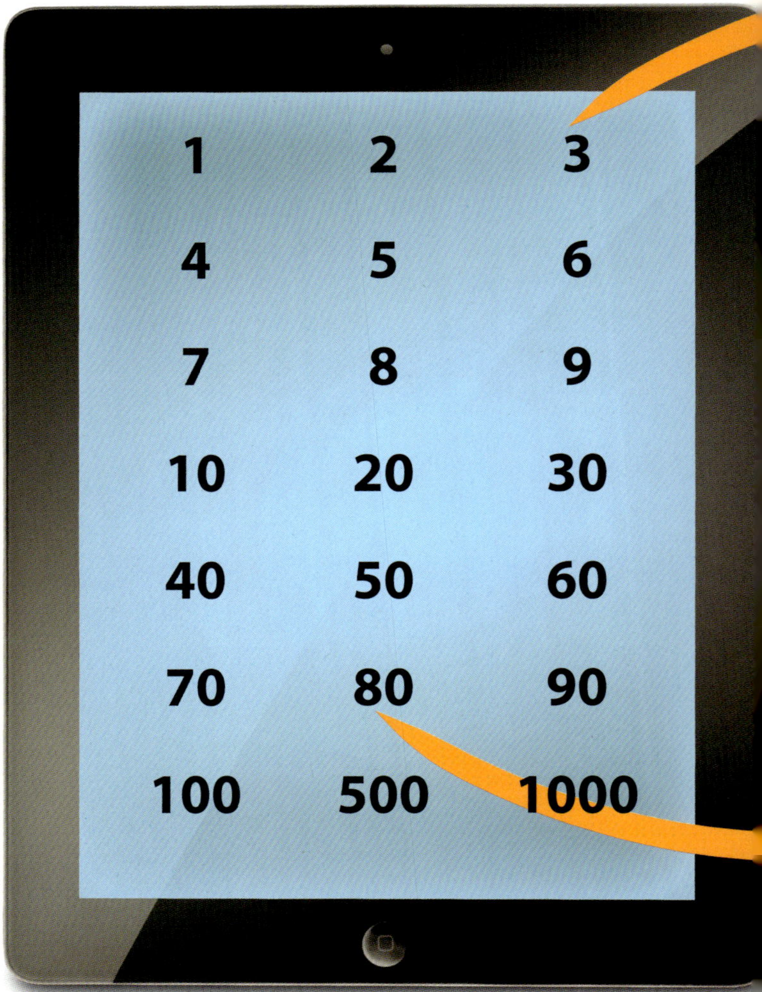

今天的罗马数字

尽管罗马数字比较复杂，但我们今天依然用它来作为装饰。在钟表盘上、硬币上还有电视节目最后的日期里，都可能找到罗马数字。

闹钟

数值较大的数字

用罗马数字表示数值较大的数字，要从高位写到低位，然后将这些都加起来。比如 MMXVI所表示的是：

M M X V I

1000 + 1000 + 10 + 5 + 1

= 2016

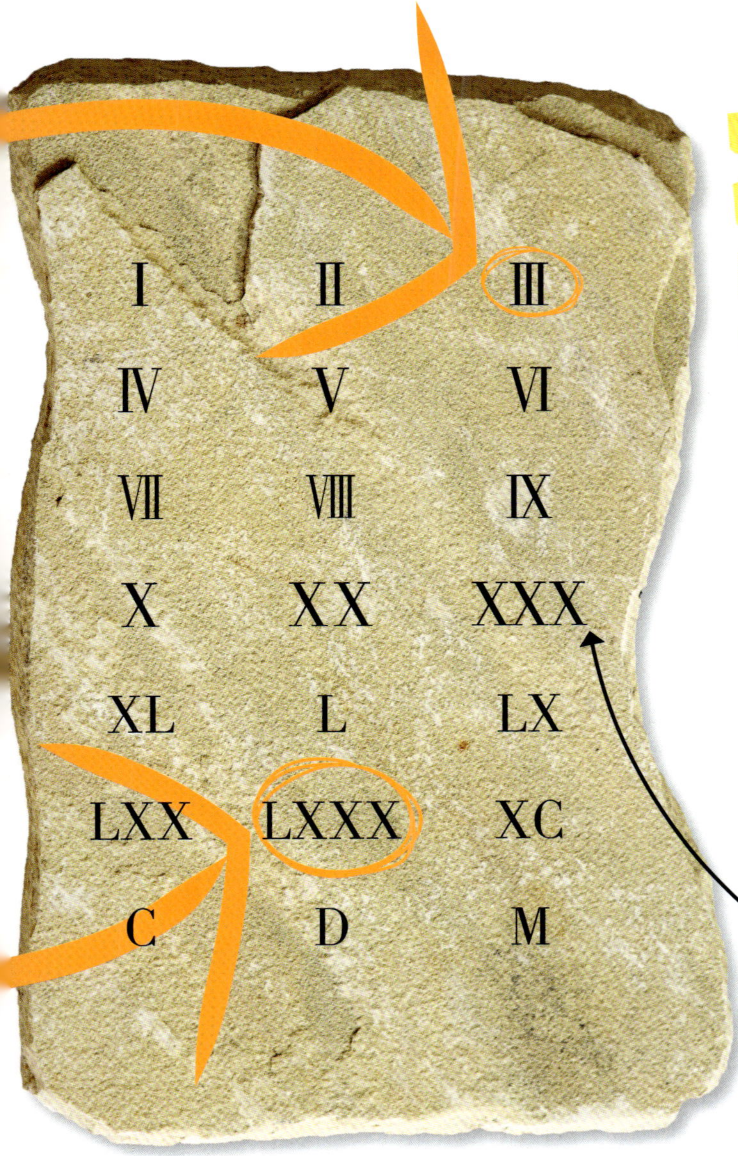

今天，我们要把数字 3 变成 30，在 3 后面加上 0 就可以了。但是，罗马人不会这样做。他们写数字 30 的时候，要把代表 10 的字母写 3 遍。

破解密码

在一张纸上算出以下答案，然后将所有答案加起来，就能知道庞贝城是在哪一年被维苏威火山的喷发摧毁的。答案在本页最下面。

X + VII = ?

L – XX = ?

C ÷ V = ?

X + II = ?

现在把你的答案加起来！

答案：公元 79 年

哇哦！

在罗马城大约生活着 100 万人。

罗马城

这是罗马帝国的首都罗马城的市中心的模型。到处都是大型公共设施，包括神殿、法院、体育场。罗马城也是帝王的居所，皇帝们的宫殿都在帕拉蒂尼山上。

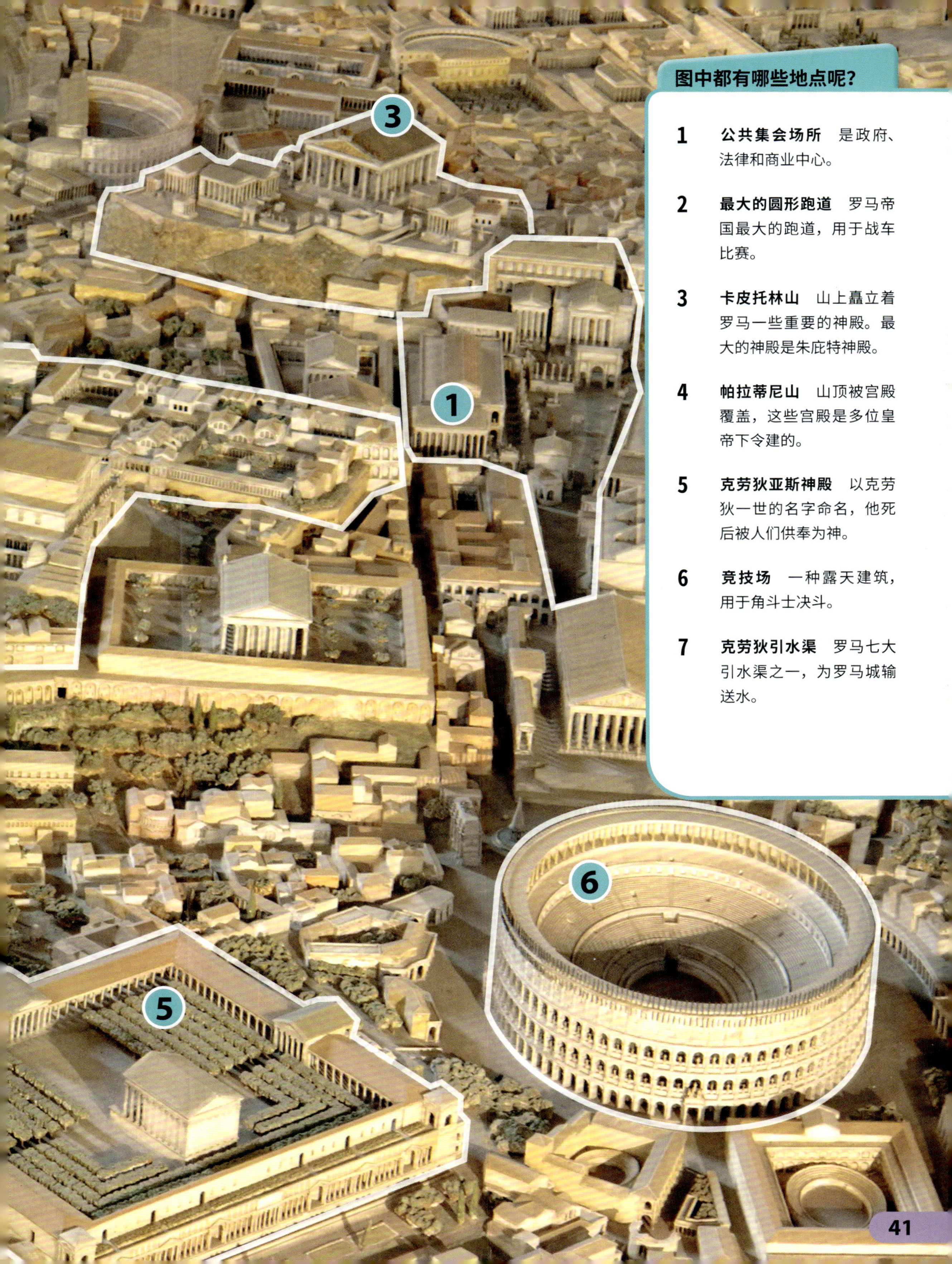

图中都有哪些地点呢?

1 **公共集会场所** 是政府、法律和商业中心。

2 **最大的圆形跑道** 罗马帝国最大的跑道，用于战车比赛。

3 **卡皮托林山** 山上矗立着罗马一些重要的神殿。最大的神殿是朱庇特神殿。

4 **帕拉蒂尼山** 山顶被宫殿覆盖，这些宫殿是多位皇帝下令建的。

5 **克劳狄亚斯神殿** 以克劳狄一世的名字命名，他死后被人们供奉为神。

6 **竞技场** 一种露天建筑，用于角斗士决斗。

7 **克劳狄引水渠** 罗马七大引水渠之一，为罗马城输送水。

建筑业

罗马建筑师模仿了古希腊的建筑风格，但是建筑规模比希腊的更宏大。罗马建筑大量采用拱门、大批量生产的砖和混凝土。罗马建成了世界上第一个圆屋顶建筑。罗马人很擅长建造，他们修建的很多引水渠、神殿和桥梁一直保留到今天。

拱门

带拱门的建筑跟实体墙建筑一样坚固，但拱门建造起来比实体墙更快。罗马人采用拱门结构建造了一座跨过法国河流的高架渠（负责输送水的桥梁）。

法国的高架渠

公寓

城镇的建筑物成排建造，被称为群屋（或者“岛”）。群屋的砖制公寓可以高达 7 层。

赫库兰尼姆的公寓

墙

大部分建筑工作都是由罗马军队完成的。他们修建的哈德良墙形成了一道防御屏障，将不列颠的罗马人和北方部落隔离开来。

英格兰的哈德良墙

罗马奥斯蒂亚的公寓

圆穹顶

罗马人发明了圆穹顶。罗马建筑中的圆穹顶是一种跨越广阔空间的圆形屋顶。图中所示的是万神殿的混凝土圆穹顶。万神殿是哈德良皇帝在罗马为众神祇建造的一所宫殿。

罗马万神殿

神殿

罗马神殿看起来很像希腊神殿，但希腊人用的是琢石，而罗马人则采用更便宜的砖，他们把石料节省下来用在建筑物表面（起到装饰作用）。神殿是用来纪念神的，有些也用来纪念皇帝。

黎巴嫩的巴克科斯神殿

克罗地亚的奥古斯都神殿

纪功柱

在罗马城，图拉真皇帝建了一根 38 米高的大理石纪功柱，柱子表面雕刻着图拉真征战的场景，装饰精美。图拉真的骨灰就埋在大理石柱的地基下面。

罗马的图拉真柱

道路

罗马军队还修建了又长又笔直的道路。这些道路有很深的路基，是欧洲进入现代之前最好的道路。在他们修建的道路中，最重要的一条是阿庇安古道。

阿庇安古道

竞技场

罗马圆形竞技场是罗马帝国最大的圆形竞技场，是罗马人观看露天演出的地方，可以容纳 5000 人，观众们来这里观看角斗士和野兽角斗，作为娱乐消遣。

竞技场里都有什么呢？

A **皇家亭** 皇帝和他的家人坐在前排的一个亭子里。

B **最低层** 最富有的男性公民坐在最低的那一层，那里的视野最好。

C **中间层** 普通男性公民坐在中间层。

D **最高层** 最高层是给妇女和来罗马的外地参观者坐的。

E **竞技场** 竞技场或者说决斗场的地面上铺着沙子，沙子可以起到吸收血迹的作用。

F **角斗士入口** 表演从检阅角斗士队伍开始，角斗士们通过这个入口进入角斗场。

G **雕像** 外墙上装饰着神和皇帝的雕像。

入口
面向街道，有 80 个入口可以进入角斗场，通过这些入口观众可以快速进入场地。

拼死搏斗
角斗士与角斗士或者动物角斗，通常都是至死方休。

女人

女人只允许坐在最高层的座位上。她们一般穿得比男人鲜艳，男人们穿着素净的宽外袍。

遮阳凉棚

这些杆支撑着凉棚，凉棚可以延伸到观众席的位置，保护观众不受烈日暴晒。

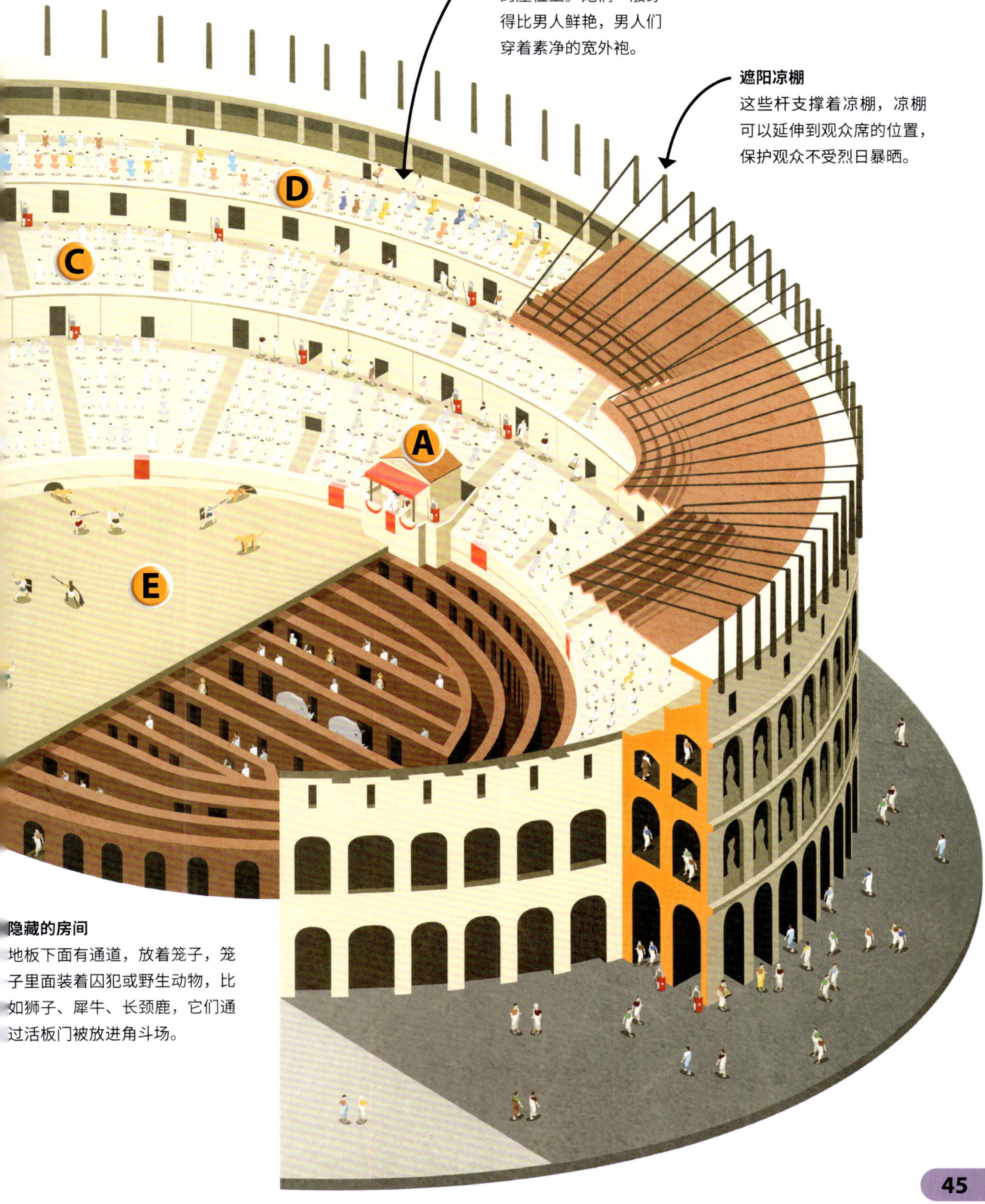

隐藏的房间

地板下面有通道，放着笼子，笼子里面装着囚犯或野生动物，比如狮子、犀牛、长颈鹿，它们通过活板门被放进角斗场。

角斗士

罗马人喜欢看角斗士表演，直到他们战死为止。大多数角斗士是奴隶、已被定罪的罪犯或者战俘，他们都是被迫参加角斗的。然而，也有一些自由人喜欢角斗，因为他们想通过角斗追求名声、财富和成功，所以选择做角斗士。角斗士有不同的类型，每一种的装备方式都不一样。

挑衅者

武器

罗马短剑

盔甲

头盔、胸甲、高盾牌、右臂护甲、左小腿护甲

特色

挑衅者又叫挑战者，是唯一穿胸甲的角斗士。通常他和其他挑衅者搏斗。

莫米罗角斗士

武器

罗马短剑

盔甲

大头盔、高盾牌、右臂护甲、左小腿护甲

特色

莫米罗角斗士戴着大头盔，通常头盔上有一个鱼鳍做装饰，行动缓慢，着重甲武装。

网斗士

武器

三叉戟（三齿鱼叉）、网、匕首

盔甲

右肩护甲、手臂护甲

特色

持网和三叉戟的网斗士武装得像渔夫一样，可以用网套住他的对手，还可使用三叉戟。因为佩戴的盔甲很少，所以他的动作必须很快。

追击者

武器

罗马短剑

盔甲

圆形头盔、高盾牌、右臂护甲、左小腿护甲

特色

追击者与持网和三叉戟的角斗士角斗。他的头盔是圆的，不容易被网斗士的网套住。

5 个惊人的事实

关于角斗士

1 角斗士的意思是“持短剑的人”，这个名字来自他们手里拿的短剑。

2 女人也可以成为角斗士，被称为女角斗士。

3 成功的角斗士所受的待遇就跟现在的明星一样。

4 著名的角斗士会被画在他们的“粉丝”住的房间里。

5 在竞技场里与动物搏斗的表演者叫作斗兽士。

色雷斯角斗士

武器

曲剑

盔甲

头盔、小盾牌、长度及大腿的护甲

特色

色雷斯角斗士的武器是在色雷斯人使用的武器基础上发展而成的，色雷斯人是罗马人长期的敌人。

重装角斗士

武器

罗马短剑、矛

盔甲

顶上带羽毛的头盔、圆盾牌、右臂护甲、长度及大腿的护甲

特色

重装角斗士持希腊步兵用的圆盾牌和矛。

竞技场上

在比赛日，莫米罗角斗士曼农对决网斗士菲利克斯。在角斗中，曼农从来没有输过，但是他年纪大了，动作也变得迟缓。菲利克斯没多少经验，可他年轻力壮。那么今天你认为谁会赢呢？（需要注意的是，角斗是一件很危险的事，千万不要模仿。）

角斗士两人一组进行决斗，网斗士和全副武装的莫米罗角斗士进行对决。

裁判员举起权杖，宣布比赛开始。

菲利克斯手持三叉戟冲了上去，希望给曼农一个出其不意的袭击。他的三叉戟戳到曼农的盾牌被弹了回来。

现在曼农反击了，他用短剑刺向菲利克斯，但是他的短剑击中了菲利克斯的护肩。

菲利克斯左手抛出网，试图套住曼农的盾牌。他失误了，但是网缠住了曼农的短剑。菲利克斯再次用三叉戟刺向曼农，但三叉戟又一次被盾牌弹了回来。

曼农被网套住了，摔了个仰面朝天。他举起手指，示意他投降了，对决宣告结束。

人群中有人喊“饶了他”，也有人喊“杀了他”。最终决定权在皇帝手里，他用手势来表示他的决定。

菲利克斯赢得了角斗，他在为胜利呼喊，如果他赢的钱足够多，他希望能够用奖金赎回他的自由。

赛车跑道

欢迎来到罗马城的战车赛场——马克西姆赛车场。战车竞速赛是一项危险而刺激的运动。战车是由马拉动的，驾车者被称为战车御者。战车御者被分成四个队：红队、白队、蓝队和绿队。每个队都有他们忠实的观众。当战车绕着跑道飞驰的时候，观众们就会大声欢呼。

战车

这是一个由金属打造的战车模型。为了尽可能提高速度，真正的战车是用质地较轻的木头做成的，这样的战车无法给战车御者提供任何保护。

战车有两个轮子

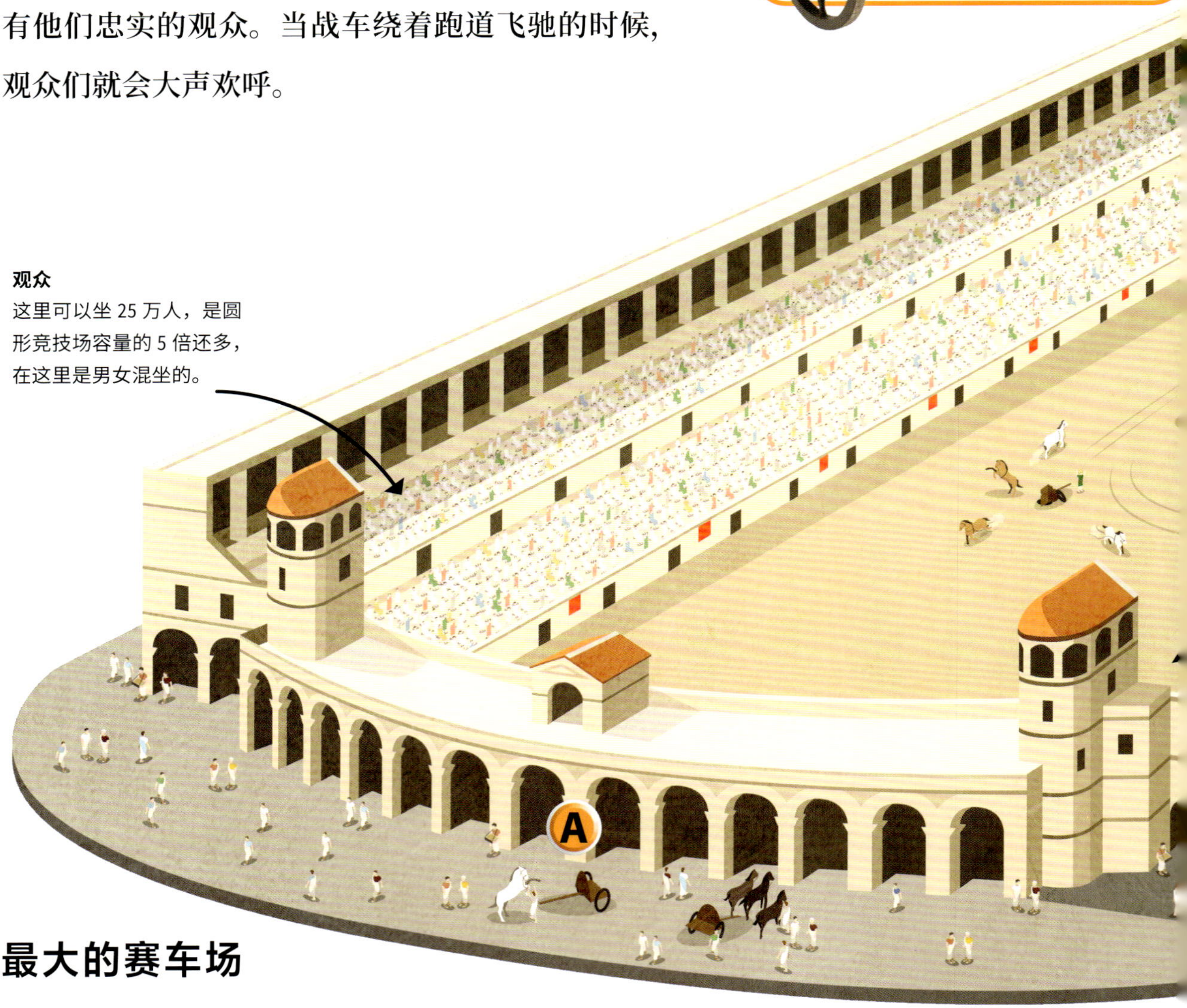

观众

这里可以坐 25 万人，是圆形竞技场容量的 5 倍还多，在这里是男女混坐的。

最大的赛车场

马克西姆赛车场在拉丁文中的意思是“最大的赛车场”，这个赛车场有 621 米长，118 米宽。

转弯

战车竞速赛最危险的时刻是在战车转弯的时候，这时候很可能会撞上另一辆战车，或者直接翻车。

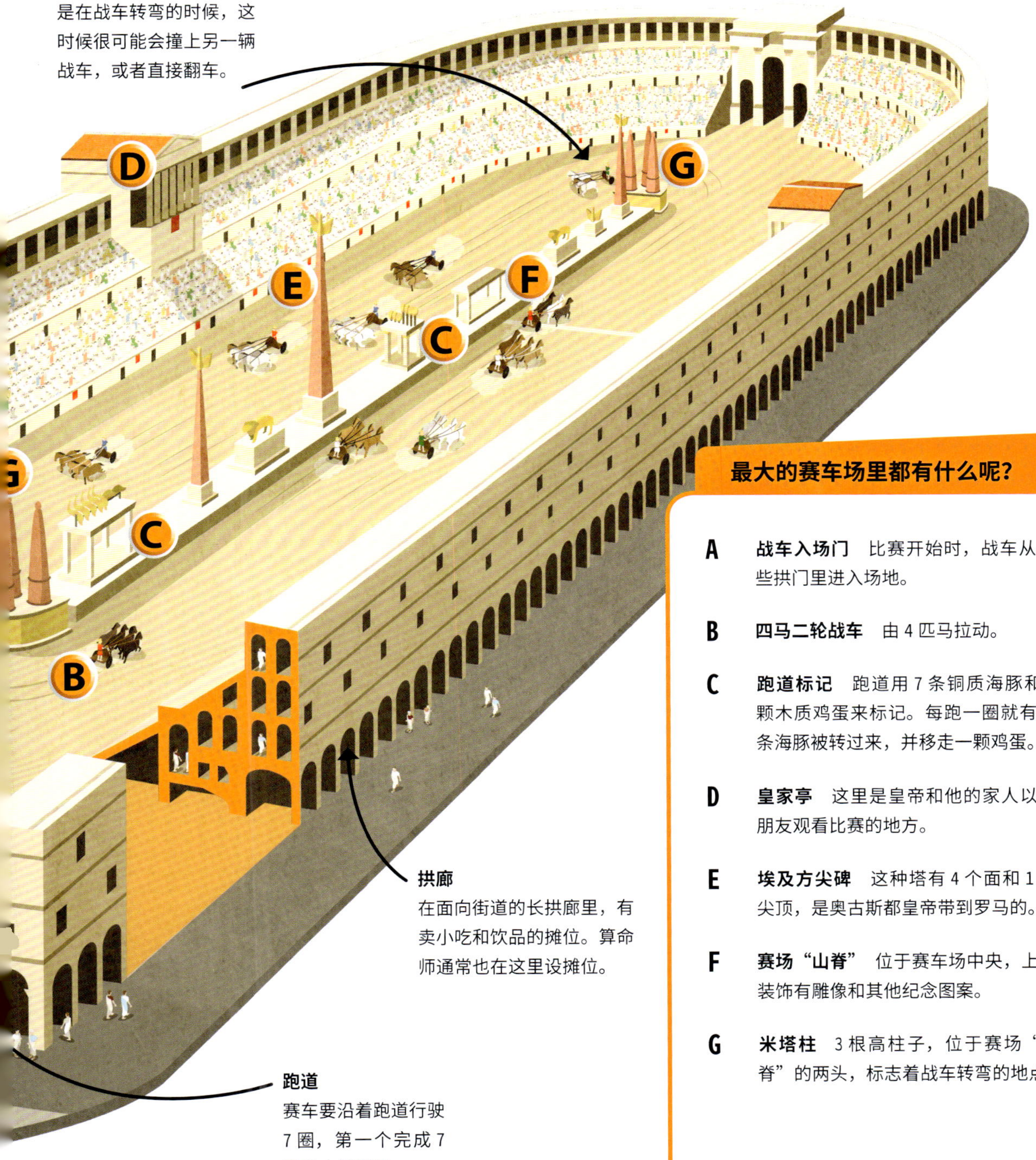

拱廊

在面向街道的长拱廊里，有卖小吃和饮品的摊位。算命师通常也在这里设摊位。

跑道

赛车要沿着跑道行驶 7 圈，第一个完成 7 圈的人就赢了。

最大的赛车场里都有什么呢?

A **战车入场门** 比赛开始时，战车从这些拱门里进入场地。

B **四马二轮战车** 由 4 匹马拉动。

C **跑道标记** 跑道用 7 条铜质海豚和 7 颗木质鸡蛋来标记。每跑一圈就有一条海豚被转过来，并移走一颗鸡蛋。

D **皇家亭** 这里是皇帝和他的家人以及朋友观看比赛的地方。

E **埃及方尖碑** 这种塔有 4 个面和 1 个尖顶，是奥古斯都皇帝带到罗马的。

F **赛场“山脊”** 位于赛车场中央，上面装饰有雕像和其他纪念图案。

G **米塔柱** 3 根高柱子，位于赛场“山脊”的两头，标志着战车转弯的地点。

回答问题，看看你是罗马神话中的哪个男神或者女神。

神

罗马人崇拜许多神，他们相信这些神守护着他们生活的每个部分。罗马人将神排出次序，从为其建造神庙的神，到守护家庭的神。

墨丘利

墨丘利是商人、金钱和旅行者之神。他飞得很快，因为他的帽子和凉鞋上带有翅膀。他还拿着一根权杖，叫作节杖，节杖上缠绕着两条蛇。

朱庇特

朱庇特是众神之王，也是罗马帝国的特别保护者。他是天空和风暴之神，以雷电武装，鹰是他的圣鸟。

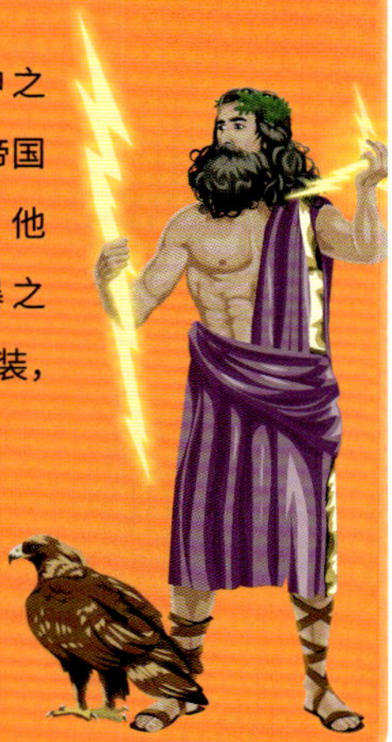

朱诺

朱庇特的妻子朱诺是婚姻和生育之神，她的圣鸟是孔雀。罗马的六月就是以她的名字命名的，因此六月被罗马人认为是结婚的好时期。

密涅瓦

密涅瓦是艺术和智慧之神。她是穿戴着她的盔甲，手持武器，在朱庇特的头上出生的。她的圣鸟是聪明的猫头鹰。

玛尔斯

玛尔斯既是战神也是农神。他是继朱庇特之后罗马最重要的神。罗马的三月就是以他的名字命名的。

涅普顿

朱庇特的弟弟涅普顿是海神和马神。他的武器是鱼叉，他驾着一辆战车，拉车的是长着鱼尾巴的马，叫作马头鱼尾兽。

哇哦！

有一位叫作卡尔代亚的神，他的任务是照看门的铰链！

阿波罗

阿波罗是光神、热神、音乐之神和预言之神。他会弹奏一种叫里拉琴的乐器，这种琴是由墨丘利发明的。

维纳斯

维纳斯是爱与美之神。尤利乌斯·恺撒宣称维纳斯是他的祖先之一。罗马的四月就是为纪念维纳斯而命名的。

庞贝城

公元 79 年 8 月 24 日，意大利南部的一座火山——维苏威火山喷发了，淹埋了庞贝城附近的所有城镇。尽管这是一个悲惨的灾难，但是庞贝城却因为被淹埋而完整地保存了下来。也就是说，我们现在可以探索古罗马时期的街道、房屋和商店。

如今的维苏威火山

庞贝城的公共集会场所

庞贝城的遇难者

除了建筑物以外，人们还发现了一些在 1900 多年前死于庞贝城的遇难者尸骸。它们的身体被火山喷发出来的火山灰所掩埋，这些包裹在它们身体上的火山灰逐渐变成了岩石。尸体腐烂以后，用石膏注入原来尸体所在的空间，就保留下来尸体原来的形状。

戴着项圈的狗

狗

这是一只狗的模型。你可以看到它项圈的轮廓，这项圈是用铜做成的。

哇哦！

自从公元 79 年以来，维苏威火山已经喷发过大约 36 次了。

普林尼式喷发

带有浓烟、灰烬和气体的火山喷发被称为“普林尼式喷发”。这个名称源自作家普林尼写了一篇关于他目睹火山喷发的报道。

埃及动物马赛克图案

镶嵌图案

庞贝城的房子里装饰着丰富的壁画和镶嵌图案。这个图案是一只河马和一条鳄鱼。

面包

这片面包是在庞贝城附近的城镇——赫库兰尼姆的烘焙炉里面发现的。它被沸腾的泥浆保护了起来。

罗马人给我们留下了什么？

由于外敌入侵，罗马帝国在 5 世纪的时候衰落了。但是即使在 1500 多年之后的今天，罗马文明给我们的影响仍然存在。我们沿着罗马的道路、航线旅行，还有钱币以及很多建筑物都是在罗马时期的基础上发展起来的。

失去的和留下的

如今，建筑业中到处都使用的混凝土就是由罗人发明的。罗马的混凝质量非常高，但是制作方却遗失了。

!哇哦！

罗马人甚至发明出了带有书页的书！

这个玻璃罐子是在英格兰的肯特郡发现的。

玻璃

罗马人可以算得上是制造玻璃的专家了。他们用玻璃制造饮水用的器皿、花瓶和罐子。罗马人还是第一个将玻璃用在窗户上的民族。

这座罗马桥梁横跨法国的奥维兹河，尽管已经有 2000 多年的历史，但今天仍被人们使用。

桥梁

罗马人建了第一批永久性桥梁。这些桥梁用石头、砖头或者混凝土建造而成，采用单拱或者多拱的结构。

罗马的作家

尽管罗马帝国在很多年前就灭亡了，但是我们如今依然可以读到罗马作家写的诗，比如诗人维吉尔(Virgil)。维吉尔被罗马人视为他们最伟大的作家。

这个马赛克图案展示的是维吉尔在写他最著名的诗——《埃涅阿斯纪》。

城市

在欧洲，人们住在罗马人建的城市里。意大利也有罗马人建造的城镇。罗马人建的城市包括英国的伦敦和约克，法国的巴黎和里昂，西班牙的科尔多瓦和塞维利亚，还有德国的科隆。

有 12 个月份的历法

我们现在有 12 个月份的历法就是罗马式的。英语中的大多数月份都是以罗马数字或者罗马神祇的名字命名的，比如三月是以玛尔斯的名字命名。而七月和八月则是根据尤利乌斯 · 恺撒和奥古斯都皇帝的名字命名的。

字母表

现在的英语字母表中的字母大多是罗马人发明的，不过罗马的字母表上只有 23 个字母，而英语中有 26 个字母，而且罗马人只用大写字母，他们会把 Julius 写成 IVLIVS。

罗马字母表

ABCDEF
GHIKLM
NOPQR
STVXYZ

你能找出和英语字母相比，缺少了哪三个字母吗？

答案：J U W

关于古罗马的一些事实和数据

罗马人是一个令人着迷的民族，关于罗马可能有一些你不知道的惊人事实。

在神话传说中，罗马城的建立者是罗慕路斯。据说，他的弟弟雷穆斯是被一匹狼养大的。

关于毛发

在罗马，有一部分人靠给别人拔体毛来谋生，包括腋毛。

公元前 52 年，来自高卢的一位首领韦辛格托里克斯和尤利乌斯·恺撒交战，但是他失败了。在尤利乌斯·恺撒的胜利游行中，韦辛格托里克斯被用链子拉着在罗马街道上游行。

君士坦丁一世

君士坦丁一世是罗马第一位信仰基督教的皇帝，他不祭拜罗马的神。

50

如今大约有 50 多个国家曾经是罗马帝国的一部分。

40万

罗马人修建的道路长达 40 万千米。

皇帝在罗马的统治长达

400

多年。

罗马士兵必须在军队服役 25 年。他们可以穿着厚重的盔甲一天步行 30 千米。

罗马人从**海蜗牛的壳**中提取紫色颜料染衣服。

罗马人用一种名叫双耳细颈椭圆土罐的容器储存各种各样的食物，比如橄榄油、酒和鱼露。

7

在罗马共和国成立以前，罗马曾被 7 位国王统治。

117

哈德良墙长达 117 千米。

100

罗马圆形竞技场举行的比赛持续了 100 多年之久。

词汇表

这里是一些词汇的意思，可能对你了解古罗马有帮助。

百夫长 罗马的士兵，掌管 80 个士兵

布拉 罗马的男孩子所佩戴的一种护身符，据说戴这种东西能保护他们

步兵 徒步作战的罗马士兵是罗马军队的基本组织单位

裁判 在角斗士角斗中担任裁判的人

帝国 生活着不同民族的、由单一政府或者单个人统治的一大片土地

独裁者 拥有全部权力的统治者。在共和国体制下，非常时期会选举独裁者，但是尤利乌斯·恺撒任命自己为终身独裁者

公共集会场所 罗马的每个城镇都有的一个中心市场或者公众集会的地方

公民 国家成员的一种，比非公民有更多的权利

共和国 由选举产生的官员统治，而不是由国王或者皇帝统治的国家，就叫共和国。共和国也用来描述公元前 509 年到公元前 27 年那一段时期的古罗马，那时候罗马由选举产生的官员统治

皇帝 帝国的统治者

尖笔 用于在写字板上写字的一种尖锐金属棒

角斗士 战士的一种，通常在圆形竞技场里搏斗厮杀供观众娱乐。角斗士通常都是奴隶

军团 罗马军队的组织形式，大约有 5000 名士兵，整个罗马帝国大约有 25 到 30 个军团

宽外袍 罗马男性公民穿的一种毛织物，是整片式的，穿戴方式是搭在身上绕一圈

拉丁语 罗马人使用的语言

罗马帝国 罗马帝国包括罗马统治下的国土和人民。罗马帝国这个称谓也用来指代由皇帝统治而

罗马高架渠

不是选举官员统治下的罗马

罗马圆形竞技场 一座巨大的圆形露天建筑，用于观看和上演公开演出，尤其是角斗士角斗

马赛克图案 用小片的彩色石头、玻璃等粘贴起来形成的画

内战 同一个国家的人内部发生的战争

农神节 在这个节日的当天，奴隶主为他们的奴隶服务

奴隶 被其他人作为财产而拥有的人叫作奴隶

女式及踝长外衣 罗马女性穿在短袍外面的纺织长裙

帕拉 罗马女性穿的披肩

束腰外衣 由两片正方形的材料做成的衣服，所有的罗马人都可以穿

树叶冠 用树叶编成的头环，有时候罗马皇帝也会戴

双耳细颈椭圆土罐 一种带有两个手柄的罐子，罗马人用它来储存食物、饮料和油

算盘 一种带有可拨动的小珠子的装置，罗马人用它来计数

躺卧餐厅 罗马人的餐室中会放三张长椅供客人躺卧，因此叫作躺卧餐厅

写字板 一块涂了蜡的木板，供孩子们写字用

引水渠 人造的渠道，用来向城镇输送水

鱼露 罗马人吃的一种酱，用鲭鱼或其他鱼类内脏腌制而成

元老院 罗马统治下的议会，主要由罗马重要的贵族成员组成，负责向皇帝提建议

圆穹顶 一种巨大的、带有圆形

底座的圆形屋顶或者顶棚

战车 一种用 4 匹马拉的两轮马车，用于罗马的战车竞速赛

自由人 以前是奴隶，后来买回了自由或者被主人给予了自由的人

索引

致谢

在这里，出版商向为本书的出版提供帮助的所有人表示真心的感谢：感谢塞西尔兰道和露丝·鲁尔克在本书的编辑方面提供的帮助；感谢亚历山大·比登的校读；感谢海伦·彼得斯编写索引部分；感谢罗伯·纳恩在图片搜集方面所作的工作；感谢罗尔·约翰逊为本书摄影；感谢萨钦辛格从其他地方剪下图片为本书配图；感谢丹尼尔·朗、丹·克里斯普和埃德·梅里特为本书绘制插图。同时感谢 Britannia 网站 (www.durolitum.co.uk) 提供的罗马和不列颠战士的图片，以及通往出去之门网站所提供的高卢将领及重装士兵图片。

本书出版商由衷地感谢以下名单中的人员提供照片使用权：
t=顶端, a=上方, b=下方, l=左侧, r=右侧, c=中间, f=底图

2 Rex Shutterstock: De Agostini / A. Dagli Orti (br). **3 Alamy Images:** A. Astes (bl). **Dorling Kindersley:** Thackeray Medical Museum (bc); The University of Aberdeen (tr). **4-5 Alamy Images:** Fine Art Images / Heritage Image Partnership Ltd. **11 Alamy Images:** A. Astes (l). **Dorling Kindersley:** Ermine Street Guard (br). **12 Alamy Images:** Lanmas (cra). **Dorling Kindersley:** Capitoline Museum, Rome (Musei Capitolini) (cl). **13 Alamy Images:** Masterpics (tr). **14-15 Alamy Images:** EmmePi Travel. **17 Dorling Kindersley:** Ermine Street Guard (br). **18 Alamy Images:** Michele Falzone (bl). **Dorling Kindersley:** Christi Graham and Nick Nicholls / The Trustees of the British Museum (ftr, ca). **Rex Shutterstock:** De Agostini / A. Dagli Orti (cl). **19 Dorling Kindersley:** Odds Farm Park, High Wycombe, Bucks (clb); Thackeray Medical Museum (cr). **Getty Images:** Danita Delimont / Gallo Images (c). **20 Dorling Kindersley:** Christi Graham and Nick Nicholls / The Trustees of the British Museum (tl, ca). **21 Corbis:** Wolfgang Kaehler (b). **22 Photoshot:** UPPA (br). **24 Alamy Images:** Collection Dagli Orti / The Art Archive (tl). **Bridgeman Images:** Tarker (cr). **Dorling Kindersley:** Maidstone Museum and Bentliff Art Gallery (c). **25 Alamy Images:** Lanmas (tr); World History Archive (tl). **Dorling Kindersley:** Tim Parmenter / The Trustees of the British Museum (cl); The Science Museum, London (cla). **Getty Images:** DEA Picture Library / De Agostini Picture Library (br); DEA / G. Dagli Orti / De Agostini Picture Library (fcl). **29 Alamy Images:** Peter Phipp / Travelshots.com (cra). **32-33 Corbis:** Alessandra Benedetti. **34 Dorling Kindersley:** Thackeray Medical Museum (br, fbr). **35 Alamy Images:** Milleflore Images - Food and Tableware Misc (fcr); Bruce Miller (bl). **Dorling Kindersley:** Thackeray Medical Museum (tr, cra, cr). **36-37 Alamy Images:** Lebrecht Music and Arts Photo Library. **37 Alamy Images:** Gianni Dagli Orti / The Art Archive (cra). **38 Alamy Images:** Art Nation (br). **39 Alamy Images:** geogphotos (br). **40-41 Alamy Images:** Lautaro. **42 Alamy Images:** Granger, NYC (cb); Prisma Archivo (c); Stephen Dorey Creative (clb). **Dorling Kindersley:** Tim Draper / Rough Guides (cl). **42-43 Getty Images:** DEA / S. Vannini / De Agostini (b). **43 Alamy Images:** Reinhard Dirscherl (cl, cla); imageBROKER (cr). **46-47 Alamy Images:** Aliaksei Verasovich. **52 Dorling Kindersley:** Ermine Street Guard (tc). **54 Alamy Images:** Walter Rawlings / robertharding (br). **54-55 Alamy Images:** Vaclav Schindler. **55 Alamy Images:** funkyfood London - Paul Williams (bl). Corbis: Gary Braasch (tr). **Dorling Kindersley:** Museo Archeologico Nazionale di Napoli (br). **56 Alamy Images:** David A. Barnes (bl). **Dorling Kindersley:** Canterbury City Council, Museums and Galleries (cl). **57 Alamy Images:** Sergey Borisov (clb). Corbis: Roger Wood (cla). **58 Dorling Kindersley:** Thackeray Medical Museum (ca); Jerry Young (fcl). **Dreamstime.com:** Vladimir Korostyshevskiy / v0v (cr). **Getty Images:** De Agostini / L. Romano / De Agostini Picture Library (br). **59 Dorling Kindersley:** The University of Aberdeen (tc). **Endpapers:** *Front:* **Alamy Images:** funkyfood London - Paul Williams (trajan); Massimiliano Pieraccini (constatine). **Dorling Kindersley:** The Trustees of the British Museum (coin); Tim Draper / Rough Guides (wall). *Back:* **Alamy Images:** Ian Bottle (hadrian's wall); Martin Garnham (rotunda of galerius); Amar and Isabelle Guillen - Guillen Photo LLC (kom el-dikka); Andrey Nekrasov (amphitheatre of thysdrus); OlegMit (pompeii); Stefano Politi Markovina (library of celsus); Premier (leptis magna); Michael Runkel / imageBROKER (ruins of djemila); Juergen Schonnop (pont du gard); Vivienne Sharp / Imagestate Media Partners Limited - Impact Photos (temple of bacchus); Claude Thibault (tower of hercules). **Corbis:** Marco Cristofori (diocletian's palace).

Cover images: *Front:* **Corbis**: Araldo de Luca cl; **Dorling Kindersley**: The University of Aberdeen fcra; **Getty Images**: Danita Delimont / Gallo Images cr; *Back*: **Dorling Kindersley**: Ermine Street Guard cla, cr; Rex by Shutterstock: De Agostini / A. Dagli Orti tr; *Front Flap*: **Alamy Images**: Collection Dagli Orti / The Art Archive br; **Dorling Kindersley** Natural History Museum, London cr, Thackeray Medical Museum fcla; **Photoshot**: UPPA cra/ (inside); *Back Flap*: NASA: clb;

关于作者

彼得·克里斯普是一位经验丰富的作家。他已经出版的面向青少年读者的历史读物有 80 多本。他对古代世界尤其感兴趣。他在英国 DK 出版公司出版了很多书（DK 出版公司全称是 Dorling Kindersley Company。是英国一家著名的国际出版社，主要出版插图读物。）彼得·克里斯普的主要作品包括《揭秘古罗马》《揭秘古希腊》《古罗马探索》《古希腊探索》《伟大的亚历山大：勇士的传说》。

我已经获取的知识：

今天的罗马建筑

哈德良墙
英国，英格兰
公元 122—128 年

加尔桥（高架渠）
法国，加尔省
公元 1 世纪

赫拉克勒斯塔（灯塔）
西班牙，拉科鲁尼亚
公元 1 世纪

罗马圆形竞技场
意大利，罗马
公元 70—80 年

卡拉卡拉拱门
（纪念碑）
摩洛哥，沃鲁比斯
公元 217 年

杰米拉遗址
（一座被毁的城镇）
阿尔及利亚，杰米拉
公元 2—6 世纪

蒂斯德鲁斯圆形剧场
突尼斯，杰姆
公元 3 世纪

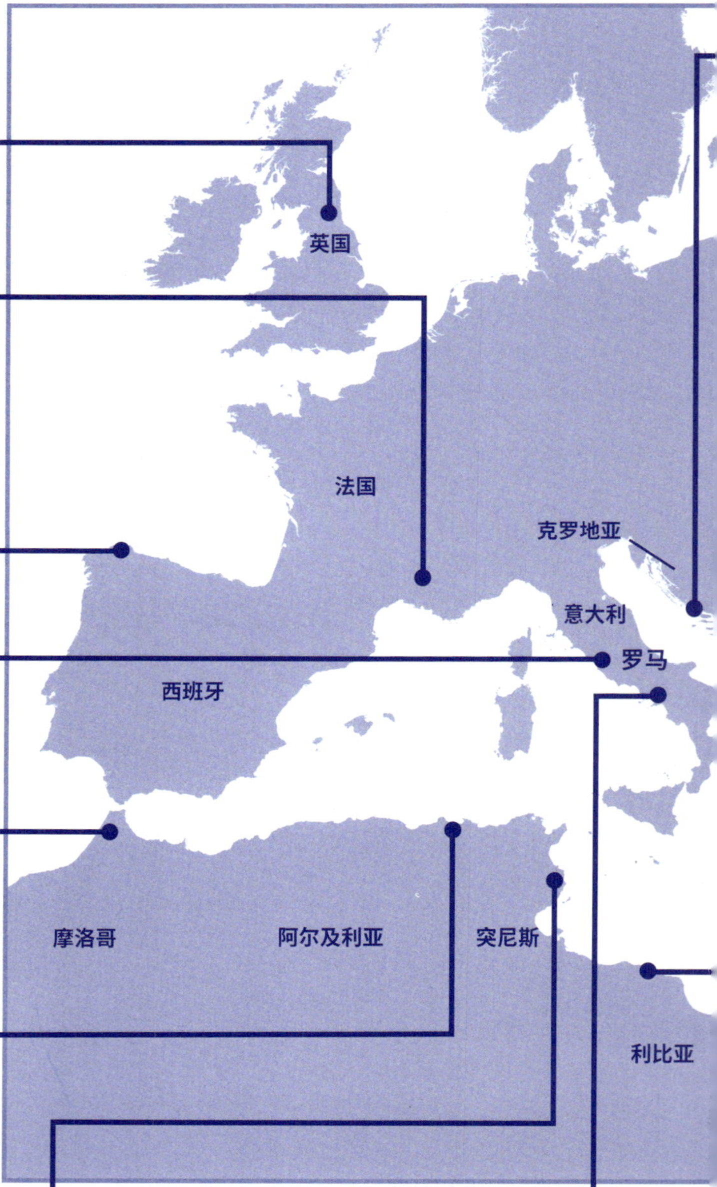

庞贝（被毁的城市）
意大利
公元 79 年